Rudolf Donnert · Soziale Kompetenz

Rudolf Donnert

Soziale Kompetenz –

Der Praxisratgeber für ein kooperatives Arbeitsklima

2., überarbeitete Auflage

Lexika Verlag®

Die Deutsche Bibliothek - CIP-Einheitsaufnahme

Donnert, Rudolf:
Soziale Kompetenz : der Praxisratgeber für ein kooperatives Arbeitsklima / Rudolf Donnert. - 2., überarb. Aufl. - Würzburg : Lexika-Verl., Krick Fachmedien, 1999
ISBN 3-89694-242-5

Lexika Verlag erscheint bei Krick Fachmedien GmbH + Co., Würzburg

Druck: Schleunungdruck, Marktheidenfeld
Printed in Germany
ISBN 3-89694-242-5

Vorwort

Der Begriff „Soziale Kompetenz“, der auch oft in Zusammenhang mit vitaler Fabrik und Reorganisation genannt wird, hat sich regelrecht zum Schlagwort entwickelt. Aber was steckt denn wirklich dahinter?

Sicher gibt es oft Situationen, in denen Sie sich fragen …

- … was ist und was gehört zu meiner persönlichen Führungsautorität?
- … wie kann ich eine offene Kommunikation und Dialogfähigkeit entwickeln?
- … was treibt mich unbewußt innerlich an?
- … wie kann ich bei mir und anderen Selbstsicherheit und Selbstvertrauen stabilisieren?
- … wie kann ich den Teamgeist fördern?
- … wie sollte ich bei Konfliktsituationen reagieren?
- … was motiviert mich und andere?

Bei der Beantwortung dieser Fragen reicht angelerntes Fachwissen allein nicht aus. Hier geht es um Ihr persönliches soziales Verhalten, das im Berufsleben immer wichtiger wird, da die Aufgaben komplexer werden. Wer Verantwortung übernehmen und Mitarbeiter führen will, muß Persönlichkeit besitzen!

Es werden in erster Linie Qualifikationen und persönliche Eigenschaften gefordert, die im Umgang mit anderen Menschen wichtig sind, um das Engagement, den Einsatz und den inneren Antrieb bei anderen zu wecken.

Die zweite Auflage zeigt, daß wir mit unserem kleinen Ratgeber bereits mehrere Führungskräfte dabei unterstützen konnten, personliche Kompetenzen aufzubauen und die Ihrer Mitarbeiter zu fördern.

Dieses Buch zeigt Ihnen Wege und Mittel hierzu auf.

Anhand von Checklisten können Sie überprüfen, ob Sie Defizite im Bereich „Soziale Kompetenz“ haben. Sie erhalten Tips und Empfehlungen, wie Sie Kommunikation und Zusammenarbeit im Team fördern. Praxisbeispiele zeigen Ihnen, wie Sie mit Konflikten umgehen können bzw. wie Sie Kritikgespräche erfolgreich führen. Das Buch vermittelt Ihnen ebenfalls, wie Sie Ihre Mitarbeiter motivieren können und somit ein Arbeitsklima schaffen, das allen Beteiligten ein kreatives und motiviertes Arbeiten ermöglicht.

Dieses Buch wendet sich daher an Führungskräfte in Industrie- und Dienstleistungsunternehmen, die den bewußten, partnerschaftlichen Umgang mit ihren Mitarbeitern lernen und zur Verbesserung des Arbeitsklimas beitragen wollen.

Dieses Buch legt in einfacher, verständlicher und übersichtlicher Form dar, was sich hinter dieser Thematik verbirgt und wie man soziale Kompetenz erlangen und stärken kann.

München, März 1999, Rudolf Donnert

Inhalt

Einführung

Jede Zeit prägt ihre Vorstellungen von sozialer Kompetenz

Inhalte und Vorstellungen von sozialer Kompetenz hängen sehr stark von den jeweiligen gesellschaftlichen Einflüssen und Normen ab: Vor dem zweiten Weltkrieg waren sie in Deutschland hierarchisch und autoritär von den „preußischen" Tugenden geprägt. Nach dem Krieg orientierten sie sich in der Demokratie zunehmend an der gleichberechtigten Partnerschaft, zumal Westdeutschland unter starkem US-amerikanischen Einfluß stand.

Fachwissen allein reicht nicht mehr

Jeder weiß, daß Fachwissen allein heute nicht mehr ausreicht, um den Anforderungen im Berufsleben gewachsen zu sein. Wer Verantwortung übernimmt und Menschen beeinflussen will, muß Persönlichkeit besitzen. Denn nur Persönlichkeiten können etwas bewegen. Heute ist der Begriff „Soziale Kompetenz" ein Schlagwort geworden. Viele reden darüber, doch die Verwirrung über den Inhalt des Begriffs ist eher größer geworden.

Unter sozialer Kompetenz verstehen wir alle Fähigkeiten, die jenseits von fachlichen Kenntnissen und Fähigkeiten liegen. Gemeint sind in erster Linie Qualifikationen, die im Umgang mit anderen Menschen wichtig sind: Persönliche Eigenschaften, mit denen man das Leistungspotential (Wissen, Können, Erfahrung, Energie, Engagement, Einsatz u.ä.) bei anderen (Mitarbeitern, Gruppen, Teams) wecken bzw. erhöhen kann. Zur sozialen Kompetenz zählen auch Persönlichkeitsmerkmale wie gesundes Selbstbewußtsein, Motivations- und Überzeugungskraft, Kritikfähigkeit, Verantwortungsbewußtsein, Entscheidungsfreude, Durchsetzungsvermögen und Lernbereitschaft.

Die Lernbereitschaft wird immer wichtiger

Wie wir alle wissen, verdoppelt sich das Wissen zur Zeit etwa alle fünf Jahre. Das heißt das Wissen spezialisiert sich, der Einzelne verliert den Zusammenhang, oder, wie es Prof. Albert Keller ausdrückte: „Die Inkompetenz wächst genau so schnell wie das Wissen." Begründet liegt dies in dem rasanten technischen und organisatorischen Wandel in der Berufs- und Arbeitswelt. Die Aufgaben werden immer komplexer, der Einzelne allein kann mit seinem Segmentwissen immer weniger zur Lösung beitragen. Um diese Situation zu verbessern und mit den Veränderungen Schritt zu halten, ist ständige Lernbereitschaft in und mit Gruppen erforderlich.

Lokomotion und Kohäsion

Um das geistige und soziale Potential bei sich und anderen zu entwickeln und zu erhöhen, braucht man neben seinem Fach- und Spezialwissen zusätzliche soziale Qualifikationen.

Die **fachliche** Kompetenz zeigt sich in der Lokomotion, dem Beeinflussen auf das Ziel hin. Dazu gehört auch, sich auf wechselnde Situationen flexibel einzustellen.

Die **soziale** Kompetenz zeigt sich in der Kohäsion, dem Gruppenzusammenhalt, im Gespür für das Verhalten von Individuen und Gruppen. Wir müssen vom „Ich“ (Individuum) zum „Wir“ (Gruppe) kommen, wobei sich starke Individuen und starke Gruppen nicht gegenseitig ausschließen. Der Einzelne wie auch das Team werden gebraucht. Nur so kann sich ein synergetisches Gruppenwesen mit Kräften entwickeln, die stärker sind als die Summe der Einzelteile.

Es muß uns also gelingen, von Einzelentscheidungen zum Gruppenentscheid zu kommen und eine Kultur zu schaffen, in der Menschen mit Freude arbeiten. Dieser Prozeß ist in *Abb. 1* dargestellt: a1 und a2 sind dabei autoritäre Entscheidungstypen, c1 und c2 consultative (beratende) Entscheidungswege und g1 ist der Gruppenentscheid. Nur im Entscheid durch die Gruppe werden sich die Gruppenmitglieder mit der getroffenen Entscheidung voll identifizieren und auch bei der Umsetzung hinter der Entscheidung stehen. Im Extremfall gibt es kein Resultat, wenn die Motivation zur Durchsetzung fehlt! Um dies zu verhindern, gilt es, Betroffene zu Beteiligten zu machen.

Sach- und Beziehungsebene

Emotionen im Berufsleben zu zeigen, gilt auch heute noch als negativ. Diese Einstellung hat sich tief in unser Leben eingegraben. Zur sozialen Kompetenz gehört aber, daß wir die Kräfte der Beziehungsebene, also Gefühle, bei uns und anderen akzeptieren. Das gegenseitige Mitteilen von Gefühlen, Wünschen und Befürchtungen macht zwischenmenschliche Beziehungen ehrlicher und konfliktfreier. Wenn ich ausspreche, wie ich mich fühle, kann der/die andere meine Situation besser erkennen und wird ermutigt, auch über sich zu sprechen.

Hinter der Sachebene versteckt sich der Kopf mit Wissen, Analytik, Logik, Zahlen; hinter der Beziehungsebene versteckt sich der Bauch mit Kreativität, Natürlichkeit, ganzheitlichen Betrachtungen, Glaube, Transzendenz. *Abb. 2* zeigt das Eisbergmodell: Die Kräfte der Beziehungsebene haben eine 8- bis 16fach größere Wirkung in der zwischenmenschlichen Kommunikation als die der Sachebene und werden daher auch in der Werbung extrem genutzt. Da ist von Freiheit und Abenteuer die Rede und in Wirklichkeit geht es ganz banal um Zigaretten!

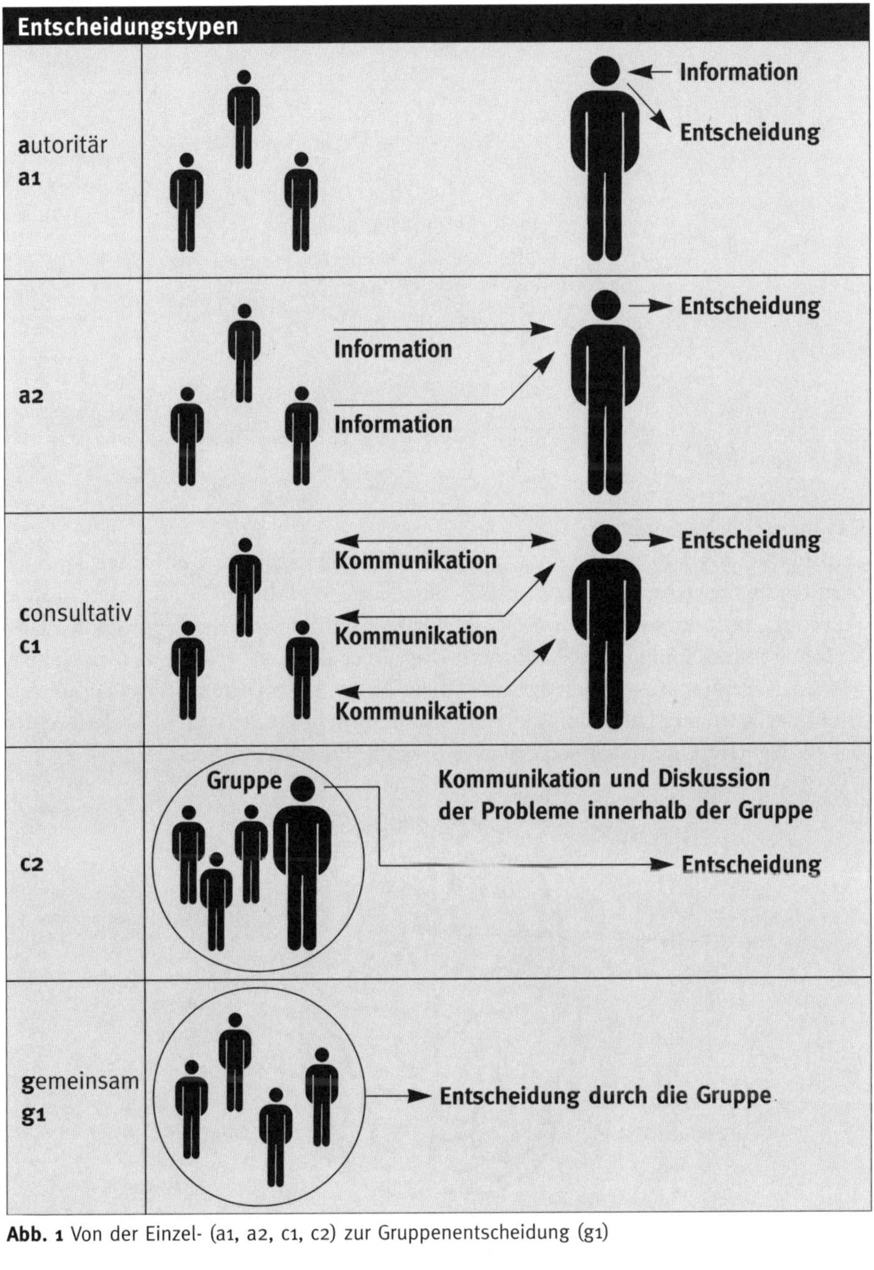

Abb. 1 Von der Einzel- (a1, a2, c1, c2) zur Gruppenentscheidung (g1)

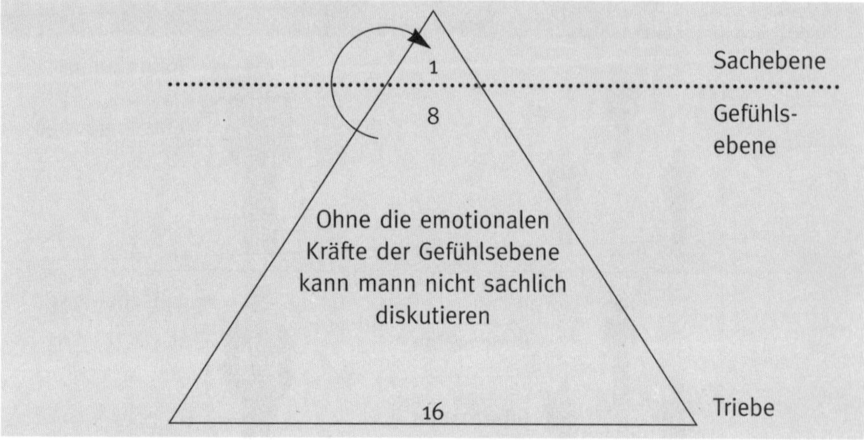

Abb. 2 Eisbergmodell

Das menschliche Gehirn

Seit mindestens 100 Jahren wissen wir, daß das menschliche Gehirn ein Doppelorgan ist. Es besteht aus zwei identisch aussehenden Hälften, die sich aber in ihrer Funktion stark unterscheiden. Erst seit wenigen Jahren haben wir aus der Gehirnforschung klare und gesicherte Erkenntnisse über die Arbeitsweise beider Gehirnhälften. Vereinfacht zusammengefaßt, in der linken Hirnhälfte sind das Sprachzentrum, der rationale Erfahrungsbereich und die Theorie angesiedelt; in der rechten das Bildzentrum, der intuitive, kreative Bereich. Einzelheiten zeigt *Abb. 3.*

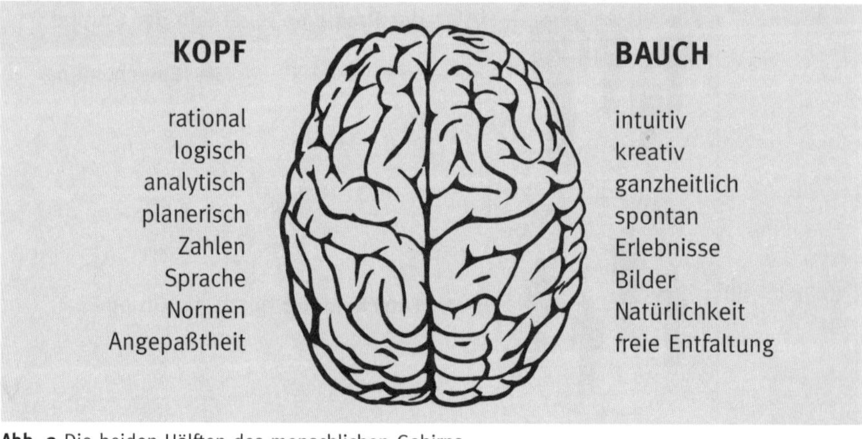

Abb. 3 Die beiden Hälften des menschlichen Gehirns

Die linke Gehirnhälfte

Die linke Gehirnhälfte steuert die Kräfte der Sachebene. In unserem Kulturkreis haben wir in den letzten vier Jahrhunderten vorwiegend die Kräfte der linken Hälfte genutzt und gefördert, um uns die Fülle des Wissens aneignen zu können. Wir haben gelernt, wie man Prozesse planerisch und analytisch angeht, aber dabei vergessen, unsere Emotionalität mitzuentwickeln, d.h. auch, wie man mit Menschen umgeht. Ich denke z.B. an die Multiple-Choice-Fragen bei Medizinerprüfungen; das Gefühl für den Patienten ist dabei völlig zu kurz gekommen. Heute können die Aufgaben der linken Hälfte weitgehend von Computern übernommen werden, so daß wir uns mehr den Kräften der rechten Hälfte widmen können, die auf der Beziehungsebene wirken.

Die rechte Gehirnhälfte

Die phantasiebegabte rechte Hälfte ist Sitz des bildhaften Denkens. Sie registriert Informationen gleichzeitig und erfaßt komplexe Bilder, fügt Einzelteile zusammen, registriert emotionale Aspekte und Gefühlslagen. Erst das bewußte Zusammenwirken beider Hälften ist die Voraussetzung für spontane Kreativität, erhöhte Konzentration sowie für die psychische Ausgeglichenheit und persönliche Selbstverwirklichung.

Ganzheitlicher Ansatz

Vor ca. 350 Jahren formulierte Descartes, der Begründer der Aufklärungsphilosphie, sein berühmtes „Cogito ergo sum", „Ich denke, also bin ich". Damit war rationales linkshälftiges Denken gemeint. Wir haben besonders in den letzten Jahrzehnten versucht, alles zu verwissenschaftlichen und in linearen „Wenn-Dann-Beziehungen" zu denken, die der heutigen Komplexität der Vorgänge nicht mehr gerecht werden können. Ganzheitliches, vernetztes Denken, das verschiedene Sachverhalte und Sichtweisen zusammenbringt, führt eher zu Lösungen. Die Nutzung der rechten Gehirnhälfte gewinnt eine besondere Bedeutung, wenn wir bedenken, daß die Gefühlsebene eine 8- bis16mal größere Wirkung als die Sachebene hat *(s. Abb. 2)*.

Das abendländische Denksystem steht an einem Scheidepunkt. Heute übernehmen zunehmend intelligente Datenverarbeitungssysteme kognitive, planerische und dispositive Aufgaben der linken Hirnhälfte. Um so mehr sind wir auf den kreativen Einsatz der rechten Hälfte angewiesen. Und dies nicht als Flucht und Ausweg, sondern als natürliche Ergänzung: Gefühl und Intellekt müssen wieder enger zusammenrücken! Die oft zitierte Vision, daß der Computer bald wie der Mensch denken und handeln kann, ist unbegründet. Größer ist die Gefahr, daß der Mensch wie ein Computer denkt und damit weit unter seinen Möglichkeiten bleibt.

1. Ihr Menschenbild ist entscheidend für die soziale Kompetenz

1.1 X-Y-Theorie nach Mc. Gregor

Im Jahr 1935 hat der amerikanische Betriebssoziologe Douglas Mc. Gregor in den USA in einer Umfrage 2 000 Manager verschiedener Branchen und Betriebsgrößen nach ihren Einstellungen zu Menschen befragt. Das Ergebnis dieser Umfrage war die sogenannte X-Y-Theorie. Mc. Gregor fand heraus, daß es im Grunde zwei Arten von Managern gibt, die X- und Y-Typen *(s. Abb. 4)*.

X-Theorie	Y-Theorie
Der Mensch ist von Natur aus arbeitsscheu, verantwortungsscheu, passiv. Er braucht daher Zwang.	Der Mensch ist von Natur aus arbeitsfreudig, verantwortungsbereit, aktiv. Er braucht daher Chancen.

Abb. 4 X- und Y-Theorie

1.1.1 Ihre Einstellung bestimmt Ihr Verhalten

Die X-Einstellung
Die X-Typen sagen „Der Mensch braucht Druck, wenn er etwas leisten soll". Mitarbeiter sind nur Marionetten. Wer stark nach „X" ausgerichtet ist, wird sich schwer tun, anderen zu vertrauen und mit ihnen offen, gleichberechtigt und partnerschaftlich umzugehen. Für ihn/sie gilt hundertprozentig Lenins Ausspruch: „Vertrauen ist gut, Kontrolle ist besser!" Dahinter verbirgt sich die Mißtrauenswirtschaft, die permanente Kontrolle erfordert.

Leitgedanke: Der Mensch ist Mittel

Das steht zwar nirgends so deutlich geschrieben, aber das Verhalten dieser Gruppe drückt meist diese Grundeinstellung aus.

Die Y-Einstellung
Die Y-Typen sagen „Der Mensch braucht Chancen" oder „Jeder braucht seine Chance." Der normale Mensch lernt, wenn auch unterschiedlich ausgeprägt, Ver-

antwortung zu übernehmen. Unter den Bedingungen der modernen Industriegesellschaft sind die Fähigkeiten des durchschnittlichen Menschen nur zu einem Bruchteil ausgeschöpft. Er/sie dreht Lenins Aussage um in: „Kontrolle ist gut, Vertrauen ist besser!“ Dahinter steht die Vertrauenswirtschaft der gegenseitigen Hilfe.

Leitgedanke: Der Mensch ist Mittelpunkt.

Mc. Gregor hat bei seiner Untersuchung festgestellt, daß 70 % der Befragten überwiegend „X“ eingestellt waren und nur 30 % „Y“. Da es sich um Verhaltensmuster handelt, die von vielen Einflüssen – Kultur, Erziehung, Familie, Schule, Ausbildung, Beruf – geprägt werden, können sie sich im Laufe der Jahre nur marginal ändern. Es geht hier nicht um das „so tun als ob“, wenn es gerade schick und opportun ist, sondern um die innere Bejahung der Y-Einstellung. Nach meinen Beobachtungen hat sich das Ergebnis von damals in unserem westlichen Kulturkreis bestenfalls auf 60 zu 40 verschoben; d.h. über die Hälfte ist innerlich immer noch „X“ eingestellt. Das zeigt sich besonders deutlich in wirtschaftlich schwierigen Zeiten.

Die sich selbst erfüllende Vorhersage

In diesem Zusammenhang spielt auch die „sich selbst erfüllende Vorhersage“ nach Paul Watzlawick eine Rolle *(s. Abb. 5)*. Das heißt: Bin ich selbst einem anderen gegenüber positiv eingestellt, werde ich ihm/ihr vertrauen, etwas zutrauen, und er/sie kann sich entsprechend seinen/ihren Anlagen und Stärken weiterentwickeln. Allerdings wird häufig die negative Einstellung einem Mitmenschen gegenüber zum Ausdruck gebracht. Bin ich von jemandem nicht sehr überzeugt, dann hege ich Vorurteile, hacke auf den Schwächen herum und verhalte mich bewußt oder unbewußt ablehnend. Die Reaktion auf dieses negative Verhalten wird – je nach Charakter – Flucht, Auflehnung oder Anpassung sein und bestätigt damit meine bisherige Einstellung.
Diesen Zusammenhang beschreibt Max Frisch in seinem Stück „Andorra“ recht eindrucksvoll. Deshalb wird die „sich selbst erfüllende Vorhersage“ auch als „Andorra-Phänomen“ bezeichnet.

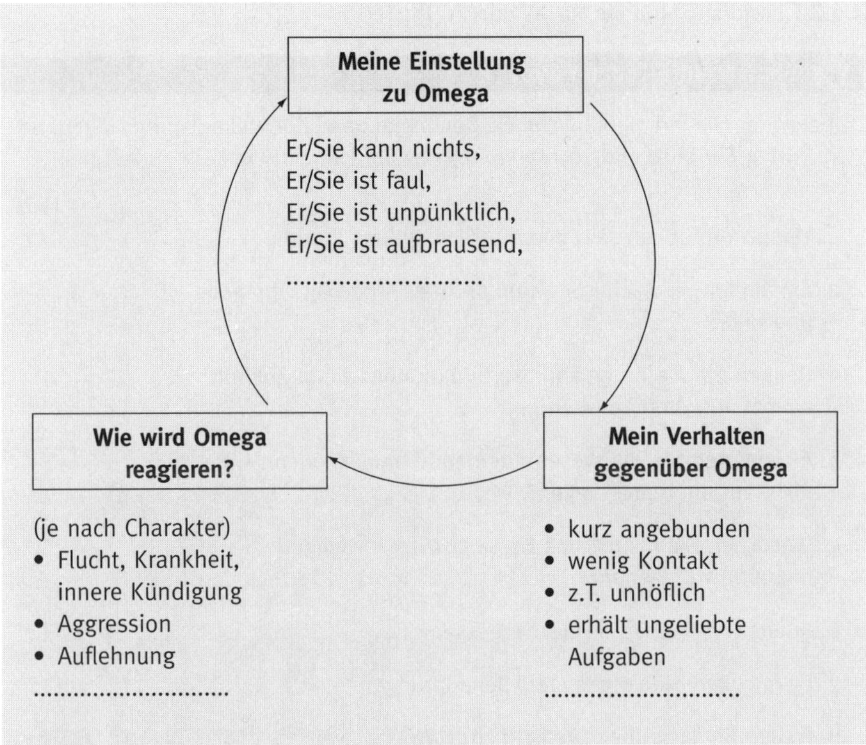

Abb. 5 Sich selbst erfüllende Vorhersage

Den Kreislauf durchbrechen

Wie kann man diesen Kreislauf durchbrechen? Wichtig ist, sich in andere Sichtweisen, Standpunkte, Erfahrungen und Hintergründe hineinzuversetzen. Jeder hat ja von seinem Standpunkt aus recht, was nicht ausschließt, daß man seine eigene Meinung vertritt und für seine Überzeugung kämpft. Dabei ist zu beachten, daß es zwischen „Entweder/Oder" sehr viele andere Möglichkeiten gibt!
Wie hat Kurt Tucholsky einmal gesagt: „Alles ist richtig, auch das Gegenteil." Daher sollte man immer das Gespräch suchen, Gesprächsbereitschaft anbieten, weniger regeln, mehr reden; nur wer miteinander spricht, kann sich verständigen.
Wichtig dabei ist auch der Grundsatz: Information geht vor Reaktion, d.h. es ist vorher zu prüfen, ob man über ein vollständiges Bild verfügt oder nur einen Ausschnitt gesehen hat; erst dann sollte man entscheiden und handeln.

1.1.2 Checkliste: Sind Sie ein X- oder Y-Typ?

✔ Bin ich ein X- oder Y-Typ?

Überprüfen Sie Ihre persönliche Einstellung anhand der vorliegenden Fragen. Beantworten Sie bitte alle 20 Fragen ehrlich und subjektiv mit „ja" oder „nein".

	Ja	Nein
1. Versuchen Sie, an sich und Ihrer Einstellung zu arbeiten?	☐	☐
2. Empfinden Sie sachliche Kritik an Ihrer Arbeit als Anregung und Hilfe?	☐	☐
3. Denken Sie nie an gefährliche Situationen, die in Zukunft einmal auftreten könnten?	☐	☐
4. Akzeptieren Sie die Wesenszüge anderer, auch wenn sie nicht auf Ihrer Linie liegen?	☐	☐
5. Versuchen Sie immer, das Beste aus der jeweiligen Situation zu machen?	☐	☐
6. Können Sie frühere Fehler vergessen?	☐	☐
7. Bevorzugen Sie Fragen statt Behauptungen?	☐	☐
8. Freuen Sie sich über anerkennende Worte?	☐	☐
9. Können Sie sich in andere Sichtweisen versetzen?	☐	☐
10. Sind Sie zukunftsorientiert?	☐	☐
11. Sehen Sie Überperfektion als etwas Negatives an?	☐	☐
12. Glauben Sie, daß Selbstvertrauen für Sie die wichtigste Eigenschaft ist?	☐	☐
13. Können Sie noch aus vollem Herzen lachen?	☐	☐
14. Fällt es Ihnen leicht, Kontakte zu knüpfen?	☐	☐
15. Haben Sie mehr als einen stereotypen Gruß auf den Lippen, wenn Sie Mitarbeitern, Kollegen und guten Bekannten begegnen?	☐	☐

	Ja	Nein
16. Nehmen Sie sich selbst nicht zu wichtig?	☐	☐
17. Können Sie gut zuhören?	☐	☐
18. Können Sie abschalten?	☐	☐
19. Stellen Sie Ihr Handeln und Tun öfter in Frage?	☐	☐
20. Geben Sie anderen eine Chance?	☐	☐

Auswertung:
Bei mehr als 15 „ja“ können Sie sich gratulieren! Sie sind auf dem Weg nach „Y".
Bei weniger als 10 „ja“ sollten Sie weiter an sich arbeiten auf dem Weg zu einem positiven Menschenbild.

Dieser XY-Selbsttest ist nicht wissenschaftlich abgesichert. Er soll aber ein Mosaikstein sein, auf dem Weg, sich selbst zu erkennen.

1.2 Persönliche Kompetenz

Grundlegende Voraussetzung für Souveränität und persönliche Überzeugungskraft ist ein gesundes Selbstbewußtsein, das auf einer positiven inneren Grundeinstellung zu sich selbst und zu anderen basiert: aktiv, konstruktiv, gewinnend sein.

Aktiv: Loslegen, Ideen und Meinungen einbringen, Verantwortung übernehmen, Entscheidungen treffen und umsetzen.

Konstruktiv: Weiterführende Beiträge leisten, Menschen in ihren Einstellungen akzeptieren, Herausforderungen annehmen, ermutigende Impulse und Anregungen geben, Perspektiven aufzeigen.

Gewinnend: Aufgeschlossen und offen sein, zugänglich, gewandt und korrekt, im eigenen Verhalten berechenbar und echt sein.

1.2.1 Portfolio der persönlichen Kompetenz

Abb. 6 zeigt die Entwicklung der persönlichen Kompetenz von der passiven, destruktiven, distanzierenden zur aktiven, konstruktiven, gewinnenden Persönlichkeit.

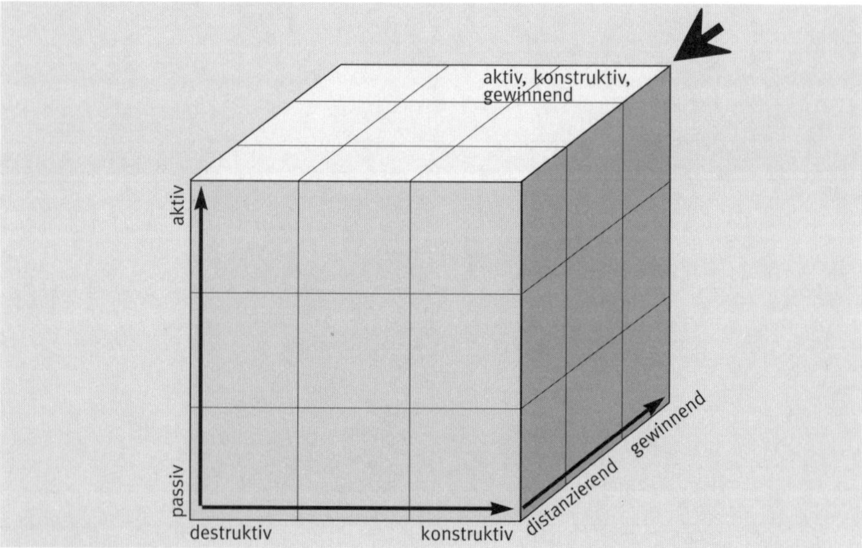

Abb. 6 Entwicklung der persönlichen Kompetenz

1.2.2 Wie Sie ein angstfreies Umfeld schaffen

Um aktiv, konstruktiv und gewinnend sein zu können, brauchen wir ein angstfreies Betriebsklima und Wirkkräfte, die auch die Beziehungsebene ansprechen, wie z.B. offene Kommunikation, Aufgeschlossenheit, Dialog- und Toleranzbereitschaft für abweichende Meinungen, Verständnis für andere Sichtweisen, Denken in Alternativen, Gerechtigkeit. Wir müssen die Stärken stärken – nicht die Schwächen – und mit Konflikten richtig umgehen.

In Drucksituationen – wenn das Gefühl der Überforderung, der Bedrohung entsteht, oder Gefahr besteht zu „verlieren" – setzen je nach Veranlagung und Charakter unbewußte Notprogramme ein, z.B. Flucht, Angriff oder Anpassung. Dieses Notprogramm löst dann passive, destruktive und distanzierende Verhaltensweisen aus.

1.3 Ethischer Orientierungsrahmen

Die rasante Entwicklung von Naturwissenschaft und Technik und ihre Anwendungen haben in den Industrieländern zu einem Wohlstand von bisher nicht gekanntem Ausmaß für nahezu alle Bevölkerungsschichten geführt. Vieles wurde erreicht, wovon frühere Generationen nur träumen konnten.

- Weshalb dennoch die kritische Einstellung und ein Unbehagen an unserer so erfolgreichen Wettbewerbsgesellschaft?
- Bezieht sich die Kritik etwa auf die verschiedenen Neben- und Folgewirkungen einer Produktion um jeden Preis?
- Auf die „Ausbeutung der Massen"?
- Auf die ökologische Bedrohung?
- Auf die Produktion von immer präziseren und „wirkungsvolleren" Waffensystemen?
- Auf unsere „Herren- und Feudalmentalität" gegenüber der Dritten Welt?
- Auf Filz, Korruption und Amigos?
- Oder ist es eine uneingestandene Sehnsucht nach einem „Macher", dem man vertrauen kann, weil er sich selbst, den anderen und möglicherweise auch einer höheren Instanz gegenüber verantwortlich ist?

1.3.1 Grundregeln menschlichen Handelns

Menschliches Zusammenleben und -arbeiten läßt sich nur dann menschenwürdig gestalten, wenn es ein grundlegendes Ethos gibt, das das Handeln leitet. Auf einen einfachen Nenner gebracht ist Ethik nichts anderes als „der Respekt vor Mensch, Tier und Umwelt". Aus dieser Handlungsmaxime sollte jeder für sich seine Normen, Werte und Ziele ableiten, nach denen er sein Handeln orientiert und immer wieder überprüft. Wir brauchen einige verbindliche Grundorientierungen und Ideale, um unsere Probleme bzw. Konflikte anzupacken und zu lösen. Dabei ist es besser, einfache Grundsätze zu haben, die man auch befolgt, als hohe, die man außer acht läßt.

Als übergeordnete ethische Handlungsanleitung, sozusagen als Kompaß, kann Kants kategorischer Imperativ gelten: „Handle stets so, daß die Maxime Deines Handelns jederzeit als Grundlage für eine allgemeine Gesetzgebung gelten kann!" Oder volkstümlicher ausgedrückt: „Was Du nicht willst, das man Dir tu, das füg auch keinem anderen zu!" Und schon Sokrates schreibt man die wichtige ethische Lebensregel zu: „Unrecht erleiden ist besser als Unrecht tun."

Auch das christliche Leitbild von der Nächstenliebe des Jesus von Nazareth kann als moralischer Grundsatz genommen werden. Er war der erste, der sich nicht hinter Vorschriften, Durchführungsbestimmungen, Gesetzen und irgendwelchen geschriebenen Schriftrollen versteckte, sondern den Menschen in den Mittelpunkt stellte mit seiner Aufforderung „Liebe Deinen Nächsten, wie Dich selbst!" Oder ganz einfach: „Behandle den anderen so, wie auch Du behandelt werden möchtest." Von Albert Schweitzer haben wir das Wort: „Ethik ist ins Grenzenlose erweiterte Verantwortung gegen alles, was lebt." Er wußte sich also eingebettet in die gesamte Schöpfung, in eine Welt, in der er zwar nur ein winziges, aber doch unentbehrliches Teil eines Ganzen ist.

1.3.2 Die vier Kardinaltugenden

Für ein verbindliches Handeln und den Umgang mit anderen braucht der Mensch sittliche Werte und Normen, die in der westlichen Welt heute nicht mehr sicher definiert werden können. Es herrschen Unsicherheit und Orientierungslosigkeit; Selbstverwirklichung und Individualität stehen absolut im Vordergrund. Doch derzeit ist ein Umdenken zu beobachten.

Bei der Suche nach allgemein anwendbaren und verbindlichen Verhaltensleitlinien, ethischen Maßstäben oder Grundwerten könnte man sich auf die alte abendländische Lehre von den vier Kardinaltugenden besinnen.

Es ist die Rede von der *Klugheit* (prudentia), der *Gerechtigkeit* (justitia), der *Tapferkeit* (fortitudo) und der *Mäßigkeit* (temperantia).

Diese vier wichtigsten aller Tugenden sind zeitlos gültig und wären als Leitmotive nach wie vor geeignet.

- Unter **Klugheit** versteht man den gesunden Menschenverstand, der sich im praktischen Leben betätigt. Klugheit bedeutet, zu überlegen, was man tut, und die möglichen Folgen des Handelns abzuschätzen. Der moderne Mensch denkt im Zusammenhang mit Klugheit selten an eine „Tugend". Dabei ist sie jene Haltung, mit der sich der Mensch zunächst um die Erforschung der Realität, um eine möglichst vorurteilsfreie und unparteiische Analyse bemüht. Der faire Dialog mit Andersdenkenden gehört selbstverständlich dazu. Halten wir also fest: Die Klugheit vermittelt dem Menschen die Befähigung, in der konkreten Situation das jeweils Vernünftige und damit auch das sittlich Richtige zu finden und zu tun. Sie ist die Voraussetzung für die weiteren Tugenden und gibt ihnen den Realitätsbezug.

- **Gerechtigkeit** ist viel mehr als das, was sich im Gerichtssaal abspielt. Sie ist der alte Name für das heutige Wort „Fairneß“ und schließt Ehrlichkeit, Zuverlässigkeit, Wahrhaftigkeit und das Einhalten von Versprechungen ein. Damit es zu gerechten Urteilen kommt, darf erstens niemand in eigener Sache urteilen und zweitens ist immer auch die Gegenseite anzuhören. Beide Bedingungen sind elementar; sie gehören zum Alphabet der Gerechtigkeit im Sinne von Unparteilichkeit.
  Noch eine dritte Bedingung: Man darf nicht mit zweierlei Maßstab messen. Wer Gerechtigkeit ausüben will, möge sich an einen Doppelspruch des Thomas von Aquin erinnern, wonach Gerechtigkeit ohne Barmherzigkeit grausam sei, andererseits Barmherzigkeit ohne Gerechtigkeit Auflösung bedeute.

- Der Tapfere ist kein Krieger, sondern der Diener einer Botschaft der Nächstenliebe. Bei der **Tapferkeit** ist jener Starkmut – das alte Wort für Tapferkeit – gemeint, mit dem sich ein Mensch mit Hingabe und Mut, auch unter persönlichen Opfern, für andere Menschen einsetzt. Tapferkeit ist immer dann gefragt, wenn man bei der Umsetzung der eigenen Überzeugungen und gerechter Lösungen auf Widerstand, auf Gleichgültigkeit, auf Lieblosigkeit oder Opportunismus stößt. Sie ist die Bereitschaft zur Durchsetzung der gerechten Sache und nimmt notfalls Unannehmlichkeiten und sogar Leiden in Kauf.
  Die heutigen Formen der Tapferkeit sind Zivilcourage, Bekenntnisbereitschaft und auch Bekenntnisfähigkeit. Ohne Tapferkeit verlieren die anderen Tugenden ihre Wirkung.

- Die **Mäßigkeit** gehört leider zu den Begriffen, deren Bedeutung sich besonders stark gewandelt hat. Heute denkt man dabei in erster Linie an Abstinenz. Aber diese Kardinaltugend bedeutet nicht Enthaltsamkeit, sondern das Wissen um das rechte Maß und die Grenze in allen Dingen. Jeder muß aus den Extremen, in die er sich immer wieder verliert, zurückfinden in die Mitte zwischen dem Zuviel und dem Zuwenig. Bereits Aristoteles sprach von dieser Mitte, die nicht mathematisch konstruiert werden kann. Es gibt ein Maß des Menschlichen, das wir nicht verändern, sondern nur verlieren können.
  Es geht auch um die Selbstbeherrschung, um die Zügelung besonders starker Triebe, nicht zuletzt um Eitelkeit und Ehrgeiz. Grundsätzlich sind diese Triebe nicht negativ zu sehen; denn Menschen ohne jeden Ehrgeiz bringen selten oder nie etwas zuwege. Aber maßloser Ehrgeiz und übertriebene Eitelkeit sind belastend im Umgang mit anderen Menschen und behindern eine konstruktive Arbeit mit Gruppen.

Diese vier Kardinaltugenden hängen untereinander zusammen wie die Flüssigkeit in kommunizierenden Röhren. Sie bedingen einander und stützen sich gegenseitig. Der „blinde Ehrgeiz“ z.B. ist ein unbeherrschtes, übertriebenes Verlangen; er trübt den klaren Blick für die Realitäten. Das heißt, er beeinträchtigt die Klugheit und damit auch die Voraussetzung für gerechtes Handeln.

1.3.3 Leitbild für den Umgang mit anderen

Die vier Kardinaltugenden haben vor allem im zwischenmenschlichen Bereich ihre Geltung, im Umgang mit Menschen. Es ist mehr als verwunderlich, wie Menschen heute unter- und miteinander umgehen: Weder klug noch gerecht, weder tapfer noch beherrscht!

Hält man ihnen den Spiegel vor, sehen sie immer nur die anderen. Wir denken über alles mögliche nach, nur nicht – oder zu wenig – über uns selbst. Ehrliche Antworten auf die folgenden Fragen können uns schon ein bißchen weiterhelfen, wenn wir den Willen haben, bei uns selbst und nicht immer bei den anderen anzufangen. G. B. Shaw soll einmal gesagt haben: „Die besten Reformer sind die, die bei sich selbst anfangen. Auf uns selbst haben wir den größten Einfluß. Zugleich werden wir Schrittmacher für andere.“

1.3.4 Checkliste: Wie ist Ihre ethische Grundeinstellung?

✔ Wie ist Ihre ethische Grundeinstellung?

Im folgenden finden Sie einige „unangenehme“ Fragen; antworten Sie ehrlich und geben Sie sich selbst ganz persönlich Rechenschaft.

	Ja	Nein
Bin ich bereit, Kritik anzunehmen?	☐	☐
Stelle ich an andere immer nur Forderungen?	☐	☐
Sehe ich immer nur meine Rechte, aber keine Pflichten?	☐	☐
Habe ich Verantwortung für den Mitmenschen und die Umwelt?	☐	☐
Verletze ich mehr, als ich aufbaue?	☐	☐
Neige ich zu Besserwisserei und Bevormundung?	☐	☐

	Ja	Nein
Achte ich die Meinungen und Leistungen anderer?	☐	☐
Mache ich mir und anderen etwas vor?	☐	☐
Will ich mehr darstellen als ich bin?	☐	☐
Sehe ich meine tägliche Arbeit als Dienst an der Gemeinschaft?	☐	☐
Kenne und akzeptiere ich meine Grenzen?	☐	☐
Kann man sich auf mich verlassen?	☐	☐
Vertrete ich meine Überzeugungen?	☐	☐
Bin ich nachtragend?	☐	☐
Setze ich mich für andere ein?	☐	☐

Man kann sein Verhalten nicht von einem Tag auf den anderen ändern. Aber täglich ein kleiner Schritt auf dem richtigen Weg wäre schon ein großer Erfolg. Geben Sie bei der Beantwortung der Fragen nur sich selbst Rechenschaft. Wenn Sie sich auf einigen Gebieten ändern bzw. bessern wollen, bleiben Sie „am Ball“, Sie werden es nicht bereuen, denn Sie fühlen sich ausgeglichener, sicherer und Ihr Selbstvertrauen stabilisiert sich.

2 Wer mit anderen zurechtkommen will, muß bei sich selbst beginnen

2.1 Ich bin o.k. – Du bist o.k.

Um andere zu nehmen, wie sie sind und nicht, wie man sie gerne haben möchte, muß man sich zuerst selbst so akzeptieren, wie man ist, nicht wie man gern wäre oder andere einen gern hätten. Zur persönlichen Kompetenz gehört ein gesundes Selbstbewußtsein und Selbstwertgefühl: Einfach so zu sein, wie man ist und zu werden, was man werden kann. Bildhaft ausgedrückt: Sie sollten bei einem Rad die Nabe sein; wenn Sie auf der Felge sitzen, kommen Sie schon bei der kleinsten Bewegung mächtig in's Schleudern.
Thomas O. Harris (zusammen mit Eric Berne hat er die sog. Transaktionsanalyse entwickelt) unterscheidet vier Lebensanschauungen im Verhalten gegenüber anderen Personen.

2.1.1 Die vier Lebensanschauungen

Die erste Lebensanschauung:
Ich bin o.k. – Du bist o.k. ist eine geistig gesunde Einstellung. Wer sich selbst mag, kann auch andere respektieren. Wenn man realistisch denkt, kann man mit dieser Grundüberzeugung über sich und andere seine Probleme konstruktiv lösen. Alle Erwartungen treten mit großer Wahrscheinlichkeit ein. Man akzeptiert die Bedeutung des anderen. Diese Einstellung meint: „Ich habe genug Selbstvertrauen, um im anderen einen gleichwertigen Partner sehen zu können."

Die zweite Lebensanschauung:
Ich bin o.k. – Du bist nicht o.k. ist die Position der Überlegenheit. Es ist die Anschauung von Menschen, die andere für ihr Unglück verantwortlich machen. Er/Sie fühlt sich verfolgt, als Opfer. Verwahrloste oder Kriminelle haben oft diese Grundeinstellung, die sich in paranoidem Verhalten äußert. Diese Einstellung meint: „Mit manchen Leuten kann man einfach nicht vernünftig umgehen und reden."

Die dritte Lebensanschauung:
Ich bin nicht o.k. – Du bist o.k. ist eine weitverbreitete Grundeinstellung unter Menschen, die sich unterlegen und kraftlos fühlen, wenn sie sich mit anderen vergleichen. Diese Anschauung veranlaßt sie, sich zurückzuziehen, anderen aus dem Weg zu gehen, und depressiv zu werden. Sie haben die Einstellung: „Wenn der/die andere nicht mag, kann man halt nichts machen". Statt zu sehen, was an mir einzig-

artig ist, laufe ich (einem) anderen hinterher. Zwischen dieser und der zweiten Lebensanschauung besteht eine unmittelbare Beziehung: Minderwertigkeitskomplexe werden durch ein starkes Gehabe mit Überlegenheit kompensiert.

Die vierte Lebensanschauung ist die Position der Sinnlosigkeit:
Ich bin nicht o.k. – Du bist nicht o.k. ist die Grundeinstellung von Menschen, die das Interesse am Leben verloren haben. Sie zeigen Aussteigermentalität, abweisendes Verhalten und kommen mit sich und den anderen nicht zurecht. Es ist die Einstellung: „Was man sich auf dieser Welt nicht alles gefallen lassen muß."

2.1.2 Was stärkt bzw. schwächt die o.k.-Haltung?

Erst, wenn man zu sich selbst Vertrauen hat, sich annimmt, wie man ist (auch mit seinen körperlichen und geistigen Grenzen) und nicht immer sein möchte wie andere,
„so einflußreich wie ...",
„so mächtig wie ...",
„so viel Geld haben wie ...",
„so gut und gepflegt aussehen wie ..."
wird man selbstbewußt leben können. Mit sich selbst im reinen zu sein, ist der Schlüssel zum Selbstbewußtsein. Dann wird man auch die verborgenen Talente anderer ans Tageslicht kommen lassen und ihre o.k.-Haltung fördern können.

Sie können die o.k.-Haltung ...	
... schwächen, indem Sie	**... stärken, indem Sie**
• unsachliche Kritik üben, • Fehler vorwerfen, • keine Rückmeldung geben, • jemanden nicht beachten, • jemanden nicht ernst nehmen, • alles besser wissen, • jemanden belehren, • jemanden überhören, • jemandem ins Wort fallen.	• ihn persönlich anerkennen, • ihm keine Vorwürfe machen, • jemanden zustimmen, • sich um jemanden kümmern, • ihm Respekt entgegenbringen, • jemanden um Rat fragen, • ihn bestätigen, • ihm zuhören, • jemanden ausreden lassen.

2.1.3 Die Lebens- und Altersphasen

Zur Stärkung der o.k.-Haltung gehört sicher auch, die einzelnen Lebens- und Altersphasen bei sich und anderen zu akzeptieren. Hans von Sassen und Bernardus Lievegoed unterscheiden in ihrem Buch „Lebenskrisen – Lebenschancen" die folgenden Altersphasen:

0–7 Jahre:
- Erwachsene wissen und können alles
- Der Körper steht im Vordergrund
- Zeit der Nachahmung
- Leitmotiv: Das Gute

7–14 Jahre:
- Erwachsene werden als Autorität wahrgenommen
- Handwerkliche Berufe sind interessant
- Menschen, die etwas können, beeindrucken
- Leitmotiv: Das Schöne

14–21 Jahre:
- Loslösen von Autorität, besonders von angemaßter
- Echtheit wird gesucht
- Freundschaftliche Führung, ohne alles bestimmen zu wollen
- Ideale stehen im Vordergrund
- Leitmotiv: Das Wahre

21–28 Jahre:
- Erwachsener übt sich, „sich mit der Welt auseinanderzusetzen"
- Er/Sie erobert seinen/ihren Platz in der Gesellschaft und will die Welt erfahren
- Reisen, Neues erleben
- Widerstand suchen
- Expansive Phase

28–35 Jahre:
- Verantwortung für das eigene Leben, Familie und Partnerschaft übernehmen
- Pläne festigen, seßhaft werden
- Systematisches Vorgehen und Sicherung des Aufstiegs
- Glaube an Machbarkeit, alles ist lösbar
- Materialistische Werte stehen im Vordergrund
- Recht bekommen wollen
- Organisatorische Phase

35–42 Jahre:
- Aktionsraum ausfüllen, erweitern und Erfahrungen auswerten bzw. vertiefen; dabei aber schon Abstand nehmen und die Dinge prinzipieller sehen
- Werte, nach denen etwas getan wird, sind bedeutsam
- Um 35 erste „midlife crisis“ – Wertkrise und Zweifel
- Innehalten, es muß sich etwas ändern
- Mäßigung im Körperlichen
- Gefahr: Flucht vor sich selbst, getrieben sein, Hast und Ungeduld
- Konstruktive Phase

42–49 Jahre:
- Neues beginnen können, Dynamik
- Durch bereits ausgewertete Erfahrungen, Ziele deutlicher sehen
- Erfolg haben ohne den Stachel des Ehrgeizes, d.h. keinen Applaus nötig haben
- Sehen, was wirkt und wichtig ist
- Verantwortung für die nächste Generation übernehmen
- psychische Orientierungslosigkeit und Kampf mit der geistigen Leere
- Zeit für Begegnung mit Menschen in der gleichen Phase
- Körperkraft nimmt ab
- Gefahr: sich neurotisch festklammern an Stellung und Prestige
- Produktive Phase

49–56 Jahre:
- Reife, harmonisch handeln aus Einsicht und Erkenntnis
- Dinge durchleuchten, klären und anderen vermitteln
- Raten, helfen
- Aus einer Gesamtschau denken; größere Ruhe
- Andere zum Zug kommen lassen
- Soziale Phase

56–63 Jahre:
- Das Wesentliche, Zusammenhänge sehen und sich damit beschäftigen
- Moralische Kraft aus der Lebenserfahrung
- Menschenkenntnis, intuitive Art; wirken, ohne einzuwirken
- Fähigkeit, richtige Partner zu finden
- Geistige Phase

63–70 Jahre:
- Nachholmöglichkeit

Über 70:
- Größere Distanz und Überschau

2.1.4 Checkliste „Gewinner-" oder „Verlierertyp"?

Testen Sie sich. Wo immer Sie die Gewinner-Seite ankreuzen können, wissen Sie, daß Sie sich in diesem Punkt schon um Ihre Selbstverwirklichung kümmern. Wo immer Sie die andere Seite ankreuzen, wissen Sie, daß Sie sich in dem Punkt noch bemühen müssen.
Es gibt niemanden, der nur auf der Gewinnerseite ankreuzen kann; das wäre der perfekte Mensch, den es nicht gibt. Wesentlich ist die Tendenz.
Wie weit sind Sie schon? Haben Sie schon viele Kreuze auf der Gewinner-Seite? Der Test zeigt einen gewissen Reifegrad an, den Sie erreicht haben.

✔ Checkliste nach Eric Berne:

Gewinner-Aussagen:	Verlierer-Aussagen:
☐ Ich mag mich	☐ Ich mag mich nicht
☐ Ich komme mit anderen gut aus	☐ Ich habe Angst vor anderen
☐ Man kann mir vertrauen	☐ Man kann mir nicht vertrauen
☐ Ich bin, wie ich bin	☐ Ich spiele eine Rolle / trage eine Maske
☐ Im allg. sage ich das Rechte	☐ Im allg. sage ich das Falsche
☐ Andere mögen mich	☐ Andere verletzen mich häufig
☐ Ich sehe gelassen in die Zukunft	☐ Ich habe Angst vor der Zukunft
☐ Ich gebrauche meine Talente	☐ Ich kann meine Talente nicht nützen
☐ Ich bin okay	☐ Ich bin nicht okay
☐ Ich denke für mich selbst	☐ Ich lasse andere für mich denken
☐ Ich kenne meine Gefühle	☐ Ich unterdrücke meine Gefühle
☐ Ich fühle mich frei	☐ Ich fühle mich bedrängt
☐ Die anderen sind okay	☐ Die anderen sind nicht okay
☐ Ich nütze meine Zeit	☐ Ich habe oft Langeweile
☐ Ich bin mit meiner Arbeit zufrieden	☐ Ich wechsle ständig die Stellung
☐ Ich habe Selbstvertrauen	☐ Ich habe kein Selbstvertrauen
☐ Ich bin gerne mit anderen zusammen	☐ Ich kann andere nicht ausstehen
☐ Ich habe Spaß am Leben	☐ Das Leben belastet mich
☐ Bei Problemen suche ich die Ursachen	☐ Immer beschuldigen mich alle

Als Gewinner bezeichnete Berne die psychologisch erfolgreichen Menschen, als Verlierer Menschen, bei denen die Aussagen der rechten Seite so stark waren, daß sie das ganze Leben bestimmten.

2.2 Autorität, ohne autoritär zu sein

Unter Autorität versteht man im allgemeinen den Einfluß eines Menschen auf andere. Verträgt sich Einflußnahme mit Gruppenarbeit? Das Wesen der Gruppenarbeit ist doch gerade das Arbeiten im Team, die Beteiligung der Betroffenen am Entscheidungsprozeß. Viele meinen, daß sich soziale Kompetenz und Autorität ausschließen. Stimmt das?
Bei der „klassischen" autoritären Führung werden die zu erreichenden Ziele einfach von oben „befohlen", ein Mitdenken der „Untergebenen" wird dabei nicht gewünscht. Zu dieser Art von Autorität bekennt sich heute kaum noch jemand: Das sagt allerdings noch nichts über ihr tatsächliches Verschwinden aus, zumal es heute recht subtile Methoden des Befehlens gibt, die schwer zu durchschauen sind. Autoritär zu sein verbindet man mit verliehener Amtsautorität, und das gilt nicht mehr als schick, zeitgemäß und modern.

Damit ist auch die Autorität ins Gerede gekommen. Kann man sich bei Gruppenarbeit überhaupt noch Autorität leisten? Steht sie nicht im Widerspruch zur vielgepriesenen Partnerschaft, zum Grundsatz des „Ersten unter Gleichen"? Ich meine, nein! Autorität haben heißt auch, von anderen anerkannt zu werden. Um diese Anerkennung zu erreichen, muß der Teamleiter umfassend und vollständig informieren, die Teilnehmer zu konstruktiven Beiträgen anregen, Angst abbauen, die Probleme von allen Seiten beleuchten, bei Entscheidungen einen Konsens herbeiführen. Das geht nur mit echter, natürlicher Autorität. Damit meine ich die Autorität, die sich nicht nach der Rangstellung definiert, sondern im richtig verstandenen Sinn von der eigenen Person, von innen her kommt. Diese Autorität wird nicht verliehen; sie basiert auf gegenseitiger Anerkennung, Achtung, Respekt, auf Solidarität und Vertrauen. Bei der „klassischen", aufgabenbezogenen Autorität kann man auf Amt und Würden pochen, während die personenbezogene Autorität von der Person selbst aufgebaut werden muß.

2.2.1 Zwei Arten von „starken" Persönlichkeiten

Diese Person ist egozentrisch, tut stark:	Diese Person ist altruistisch, ist stark:
• vertuscht Fehler • macht Schuldzuweisungen • hat eine starre Meinung	• gesteht Fehler ein • hat Toleranzbereitschaft • denkt in Alternativen

• ist arrogant	• ist umgänglich
• übt Macht aus	• hat innere Autorität
• drückt sich vor Verantwortung	• übernimmt Verantwortung
• lehnt Kritik ab	• übt sachliche Kritik
• stellt sich über andere	• hat Interesse für andere
• schreit, brüllt	• strahlt Ruhe aus
• legt Wert auf Statussymbole	• hat Standvermögen, Beharrlichkeit
• zeigt keine Kompromißbereitschaft	• ist bereit zum gemeinsamen Nenner
• kann nicht zuhören	• will zuhören
• ist ein „Dampfplauderer"	• setzt Entscheidungen um
• lenkt von eigenen Problemen ab	• läßt andere gut aussehen
• will immer im Mittelpunkt stehen	• ist partnerorientiert
• „man müßte ..., man könnte ..., man sollte ..."	• packt Probleme an und tut was

2.2.2 Wie Sie Ihre Autorität verlieren können

Wer Autorität besitzt, verhält sich nie autoritär! Wie kann ich meine Autorität verlieren?

Indem ich ...
- ... kleinlich und unberechenbar bin.
- ... den Überblick verliere.
- ... mich überfordert fühle.
- ... nachtragend bin.
- ... innerlich angespannt und gestreßt bin.
- ... über andere rede, statt mit ihnen.
- ... andere im Stich lasse.
- ... unsicher auftrete.
- ... denke, scharfes Vorgehen verschafft mir Autorität.
- ... auf Vorschläge nicht eingehe.
- ... persönliche Gespräche immer abblocke.

2.2.3 Checkliste: Wo bleibt die Autorität?

Wer natürlich und offen mit anderen umgehen will, braucht persönliche Autorität. Freilich, auf die Art des Autoritätsverständnisses und der -ausübung kommt es an! Welches Verständnis haben Sie von Autorität?

Was verstehen Sie unter Autorität?

Prüfen Sie es einmal. Kreuzen Sie bitte die aus Ihrer Sicht wichtigsten Punkte an.

1. Worauf beruht Autorität?

a) Auf der Stellung und den Befugnissen .... ☐
b) Auf der eigenen Persönlichkeit .... ☐
c) Auf fachlicher Kompetenz .... ☐
d) Auf der Fähigkeit, andere zur Selbständigkeit zu führen .... ☐

2. Wie gewinnen Sie Autorität?

a) Indem Sie nichts verlangen, was Sie nicht selbst können .... ☐
b) Indem Sie für andere da sind .... ☐
c) Indem Sie gebührende Distanz wahren und sich durchsetzen .... ☐
d) Indem Sie Arbeitsabläufe störungsfrei organisieren .... ☐

3. Wie verliert man Autorität?

a) Indem man Vorschläge und Beschwerden blockiert .... ☐
b) Indem man zu weich und nachgiebig ist .... ☐
c) Indem man andere menschlich im Stich läßt .... ☐
d) Indem man selbst wenig tut .... ☐

4. Wie gewinnt man Autorität zurück?

a) Indem man Fehler eingesteht und sich ändert .... ☐
b) Indem man Verständnis bei den anderen weckt .... ☐
c) Indem man Spannungen und Konflikte ignoriert .... ☐
d) Indem man etwas anpackt und zeigt, was man kann .... ☐

Vergleichen Sie bitte Ihre Lösung mit meiner: Bei der ersten Frage habe ich die Aussagen Nr. b, c und d angekreuzt. Bei der zweiten Frage nur b. Bei der dritten Frage a und c. Bei der letzten Frage a und d. Ich habe jeweils bei jeder Frage nur die aus meiner Sicht wichtigsten Punkte angekreuzt.

3 Ziele, Visionen und die Rückmeldung anderer

3.1 Ziele und Visionen

Beim Führen mit Zielvorgaben wird oft vergessen, daß hinter dem Ziel eine Vision stehen muß, die das Gefühl, das Herz anspricht. Ziele sprechen in erster Linie die Verstandesebene, den Kopf an. Es gilt folgende Hierarchie:

Vision (oberstes Ziel)
„Ich sehe bildhaft, was mich fasziniert"

↑

Ziele
„Ich weiß, was ich erreichen will"

↑

Strategien
„Ich weiß, was ich zu tun habe, um es zu erreichen"

↑

Ressourcen
Mittel und Methoden für die Umsetzung

Den Unterschied zwischen Ziel und Vision hat der Autor des „Kleinen Prinzen" Antoine de St. Exupéry sehr schön ausgedrückt:

> *„Wenn Du ein Schiff bauen willst, so trommle nicht Männer zusammen, um Holz zu beschaffen, Werkzeuge vorzubereiten, Aufgaben zu vergeben und die Arbeit einzuteilen, sondern lehre die Männer die Sehnsucht nach dem weiten Meer."*

3.1.1 Wie Sie Ziele vereinbaren

Zum Ziel kommt nur, wer ein Ziel hat! Nur mit klar formulierten Zielen ist das Vorwärtskommen möglich. Ziele müssen durch Fakten, Zahlen, Daten meßbar und umsetzbar sein. Dabei ist immer die Kernfrage zu stellen: Wozu tue ich das? Wozu lasse ich das tun? In diesem Zusammenhang darf ich Horaz zitieren: „Was immer Du tust, tu's wohlüberlegt und denk an die Folgen."

Nur in Übereinstimmung mit anderen und mit Rücksichtnahme auf andere sind Ziele zu erreichen. Nur durch Rückkopplung wird sicher gewährleistet, daß alles Nötige für die Zielerreichung getan wird. Ziele müssen überprüfbar sein, das Abrufen des aktuellen Standes muß jederzeit möglich sein.

Wer seine Ziele nicht kennt, erreicht nichts, kommt dorthin,
wo andere ihn haben wollen, kommt dort an, wo er gar nicht hin wollte.
Wer aber weiß und sagt, was er will, bekommt, was er will.

3.1.2 Soziales System zur Zielerreichung

Ein soziales System, das ein gestecktes Ziel erreichen will, entwickelt sich nach Niklas Luhmann aus Kommunikation und Handlung *(s. Abb.7)*. Kommunikation ist dabei mehr als nur eine Mitteilung. Dazu gehört:

- Miteinander reden,
- andere motivierend überzeugen,
- Informationen austauschen bzw. weitergeben,
- Signale der Körpersprache,
- Fragen,
- Rückmeldungen,
- Paraphrasen u.a.

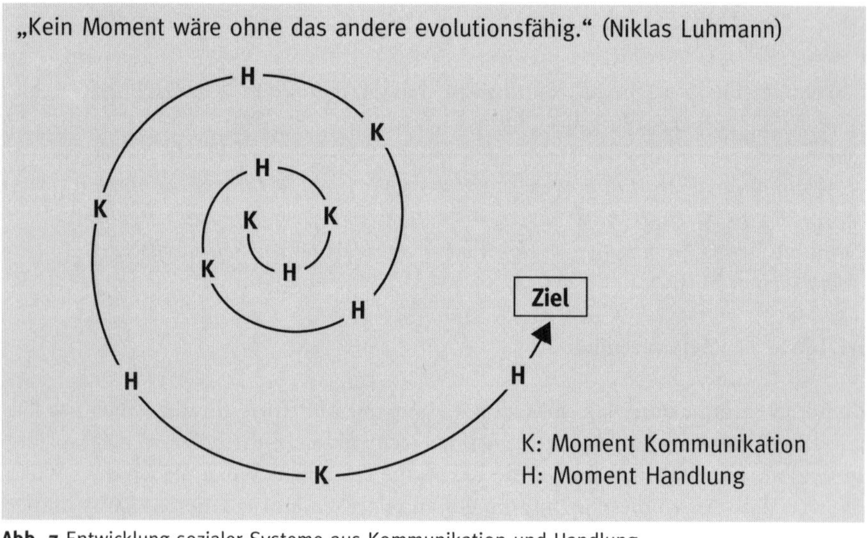

Abb. 7 Entwicklung sozialer Systeme aus Kommunikation und Handlung

3.1.3 Visionen – z.B. für dieses Buch

Meine persönliche Vison ist, daß ich mit diesem Buch dazu beitragen kann, zumindest bei einigen Menschen, das Zusammenleben und -arbeiten zu verbessern. Ich möchte vermitteln, daß Menschen auch in der Hetze des beruflichen Alltags gleichwertig, kooperativ und partnerschaftlich miteinander umgehen und zusammenarbeiten können.
Da ich weiß, was ich erreichen will, kann ich dann die Ziele festlegen und Inhalte davon ableiten.

3.1.4 Wie Sie Visionen entwickeln

Ein Lebenslauf ist kein Zufall. Vieles fällt uns aufgrund unseres Charakters, unserer individuellen Wesenszüge und unserer Persönlichkeitsstruktur zwangsläufig zu. Oft gibt es Stunden, in denen unvermittelt und bildhaft eine Vision vor unseren Augen auftaucht. Wir haben sie schon länger im Denken und Fühlen mit uns herumgetragen, doch plötzlich springt sie uns förmlich an und macht uns betroffen. Das ist die Gelegenheit, sich einmal mit sich selbst zu beschäftigen und über das bisherige Leben nachzudenken. Wir werden dabei feststellen, daß es Traumberufe und krisenfreie menschliche Beziehungen nicht gibt. Im menschlichen Miteinander wird es immer zu Konflikten und Spannungen kommen. Es kommt nur darauf an, wie wir damit umgehen. (s. auch Kap. 6)

Sicher werden Sie sich auch Fragen stellen, wie z.B.:
„Wo habe ich die Herausforderungen bestanden?"
„Welche meiner Aufgaben habe ich bisher nicht gemeistert?"
„Wo war ich gut, wo habe ich versagt?"
„Wie kann ich meine schwachen Seiten verbessern?"

Wenn ich so über mich nachdenke, kann ich meine Visionen realitätsbezogen gestalten, damit sie keine Utopien werden.

Und machen wir uns nichts vor: Egal, was wir uns auch vornehmen, es wird nicht leicht sein, unser Ziel zu erreichen. Jeder Weg dorthin wird steil und steinig verlaufen.

Entwickeln Sie Ihre persönliche Vision!

1. Stellen Sie sich einen Tag in sieben Jahren vor. Es soll der schönste Tag sein, den Sie sich vorstellen können. Entwerfen Sie ihn, als würden Sie einen Film drehen. Beginnen Sie morgens und beenden Sie den Tag mit dem Einschlafen.

In welcher Landschaft halten Sie sich auf? ______________________________

Welchen Personen begegnen Sie? ______________________________

Was tun Sie? ______________________________

Wie fühlen Sie sich? ______________________________

Wie ist Ihre Wohnumgebung? ______________________________

Wie sieht Ihr Arbeitsplatz aus? ______________________________

Welche berufliche Tätigkeit üben Sie aus? ______________________________

Was wünschen Sie sich außerdem? ______________________________

Malen Sie Ihre Vision

2. Schreiben Sie die wichtigsten Trends (Veränderungsrichtungen) auf, die Sie in Ihrer Entwicklung sehen:

In mir: ______________________________

____

____

____

In der Außenwelt: ______________________________

____

____

____

3. Blicken Sie zurück: Welche guten Dinge, Fähigkeiten, Haltungen, Fertigkeiten, Auffassungen, wollen Sie mitnehmen in Ihre Wunschzukunft?

____

____

____

4. Betrachten Sie die letzten drei Monate:

Worauf sind Sie am meisten stolz? ______________________________

____

____

____

Was waren Ihre größten Fehlschläge? ______________________________

____

____

____

5. Benennen Sie die Personen, die in der gegenwärtigen Situation (beruflich wie privat) am meisten Anteil nehmen an Ihrem Leben: ______________________________

____

____

____

Welche Signale (Botschaften) senden Ihnen die Personen, die sich für Ihre Entwicklung interessieren? ______________________________

____

____

____

6. Beschreiben Sie konkret, was Sie in sieben Jahren erreicht haben wollen (ohne zunächst daran zu denken, ob Ihnen die Durchführung möglich erscheint).

Welche Tätigkeit üben Sie dann aus? ______________________________

→

Mit wem arbeiten Sie zusammen?

Was haben Sie anzubieten?

7. Konkrete Aktionen ab morgen.
Schauen Sie sich Ihre bisherigen Überlegungen zu Ihrer Zukunftsvision an (1–6). Vergleichen Sie die Vision mit dem Ist-Zustand. Welche konkreten Maßnahmen können Sie ergreifen, um vom Ist-Zustand zum gewünschten Soll-Zustand zu gelangen? Ab morgen schon!

8. Formulieren Sie drei bis fünf Werte, die für den Weg in Ihre Wunschzukunft leitend sein sollen (Qualität des Weges).

3.2 Rückmelden – Feedback bei anderen holen

„Feedback“ kommt aus dem Englischen und heißt Rückmeldung. Das sind Reaktionen unserer Umwelt auf unser Verhalten, die deutlich machen, wie man uns sieht, was man von unseren Meinungen hält. Ein Feedback gibt dem anderen das Gefühl, verstanden oder nicht verstanden zu werden.

Bei einem Feedback geht es darum:
- den/die anderen wissen zu lassen, was man über sich selbst denkt und fühlt;
- den/die anderen wissen zu lassen, was man über sie denkt und fühlt, wie man sie erlebt.
  Im sog. „Levelling“ beschreibt man den eigenen Eindruck vom anderen und die eigene Reaktion darauf in einer konstruktiven und nicht vorwurfsvollen Weise. Bei der „Konfrontation“ betont man stärker die harten Fakten und läßt die eigene Reaktion mehr im Hintergrund;
- sich gegenseitig zu sagen, was man über sich und den anderen denkt und fühlt (Feedback-Austausch).

Feedback kann nicht nur verbal (z.B. „Das hilft mir, vielen Dank“), sondern auf sehr verschiedene Weise gegeben werden: Zustimmendes Nicken, abweisende Mimik, Zurücklehnen oder interessiertes Vorbeugen, betretenes Verstummen, Gähnen oder Einschlafen, Hinausgehen, Ausfüllen von Fragebögen, Beifallklatschen u.ä.

Regeln für den, der Rückmeldung gibt
- Wählen Sie die „Ich-Form“; sprechen Sie im „Ich“.
- Sprechen Sie von Ihren Wahrnehmungen, Beobachtungen, Empfindungen, Gefühlen (möglichst konkret und beschreibend).
- Stellen Sie dar, was das Verhalten des anderen bei Ihnen auslöst.
- Was haben Sie für Wünsche? Äußern Sie sie!

Regeln für den, der Rückmeldung erhält
- Lassen Sie den anderen aussprechen.
- Hören Sie aktiv zu.
- Fragen Sie nach, wenn Sie etwas nicht verstehen.
- Rechtfertigen Sie nicht unverlangt, begründen Sie nicht und stellen Sie nicht klar.

Betrachten Sie die Rückmeldung als persönliches Geschenk, um Ihren „blinden Fleck“ aufzuhellen.

3.3 Selbstbild – Fremdbild: Das Johari-Fenster

Die zwei amerikanischen Verhaltenspsychologen Joe Luft und Harry Ingham haben ein graphisches Modell der Persönlichkeit entwickelt, um daran die Dynamik interpersonaler Beziehungen zu verdeutlichen. Das sogenannte Johari-Fenster ist in *Abb. 8* dargestellt. In der linken Spalte liegen Verhaltensbereiche, die mir bekannt sind, in der rechten die mir unbekannten Bereiche. In der oberen Zeile sind Verhaltensbereiche, die anderen bekannt sind, in der unteren Bereiche, die anderen unbekannt sind. Wir erhalten so vier Felder.

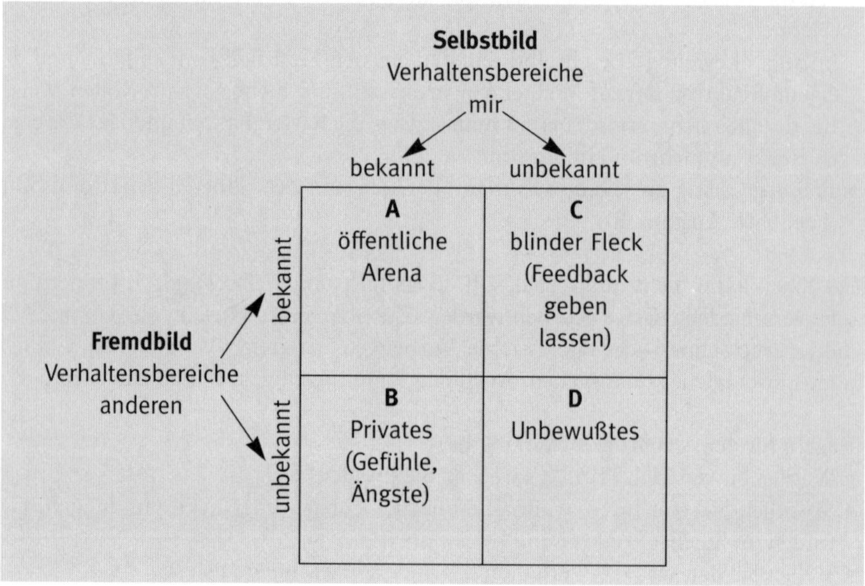

Abb. 8 Das Johari-Fenster

Die Bereiche nach Johari

Der **Bereich A** ist mir selbst und anderen bekannt, die sog. „Öffentliche Arena". Jeder weiß, so ist er/sie und auch ich weiß, daß ich mich nach außen so gebe und darstelle.

Eine selbstbewußte Persönlichkeit wird auch aus dem **Bereich B** etwas veröffentlichen können. Es ist der Verhaltensbereich, den nur ich selbst kenne, nicht aber andere. Es ist also mein innerster Privat-, Intim-, Gefühlsbereich, den ich aus guten und verständlichen Gründen verschweige und nicht preisgebe. Doch einen kleinen Teil des B-Bereichs sollte man preisgeben, damit die Kräfte der Beziehungsebene wirken können und die Kommunikation offener wird.

Durch Feedback-Austausch kann man in den **Bereich C** vordringen. Dies ist ein Bereich, der mir nicht, dafür aber den anderen bekannt ist. Es ist der sog. „blinde Fleck“, den ich nicht kenne, der aber von anderen sehr wohl wahrgenommen wird, z.B. daß ich nicht zuhören kann, andere häufig unterbreche und nicht ausreden lasse. Um meinen blinden Fleck aufzuhellen, brauche ich die Mitwirkung anderer. Ich sollte mir bei Personen meines Vertrauens Rückmeldung holen (s. auch 3.4.2). Jeder Mensch hat seinen blinden Fleck!

Der **Bereich D** ist ein Feld, das weder mir, noch anderen bekannt ist. Es ist das Unterbewußtsein, die Kraft des Unbekannten und Unbewußten, die im tiefsten Teil meiner Persönlichkeitsstruktur vergraben liegt. Diesen verborgenen „Schatz“ zu heben, könnte der Ansatzpunkt für die Entwicklung neuer Möglichkeiten und Fähigkeiten sein.

Die Größe der einzelnen Felder

Je mehr wir über uns selbst erfahren, desto größer wird A, während der blinde Fleck (C) kleiner wird. Je offener die Kommunikation mit anderen, desto kleiner wird Teil B, d.h. die Größenverhältnisse der einzelnen Bereiche sind variabel und bei jedem Menschen verschieden groß.

3.4 Soziale Kompetenz in der Gruppenarbeit

Gruppenarbeit wird heute in den Unternehmen vorwiegend bei der Abwicklung von Projekten eingesetzt. Ein Projekt ist ein komplexes, einmaliges, nach Aufwand, Raum und Zeit begrenztes Vorhaben mit typischen Organisations- und Verfahrensweisen.

Um ein solches Vorhaben umzusetzen und zu einem erfolgreichen Abschluß zu bringen, werden unterschiedliche Projektteams gebildet. Die Schwierigkeiten in den Teams liegen weniger im fachlichen Wissen und Können, als vielmehr an den Verhaltensklippen der Teilnehmer *(Abb. 9)*.

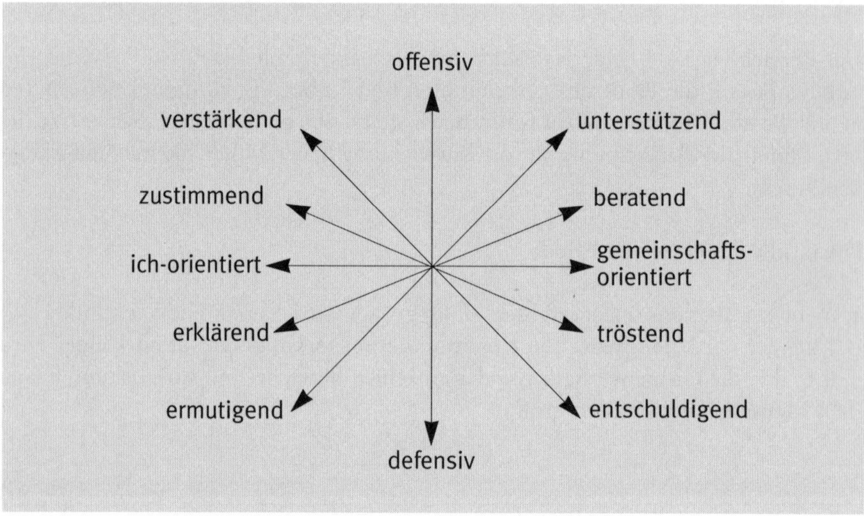

Abb. 9 Verhaltensweisen im Team (nach A. Sahm)

Gelingt es, diese Schwierigkeiten anzugehen und zu überwinden, dann kann man ein gemeinsames Grundverständnis der Projektziele und Lösungswege schaffen und fortentwickeln.

Glück und Erfolg bei komplexen Projekten verlangen in erster Linie soziale Kompetenz. Nur so können Sie frei und kreativ die Ziele und die Lösungswege während der Projektdauer weiterentwickeln, so daß am Ende ein gutes Ergebnis herauskommt. Das fachliche Wissen und Können setze ich dabei voraus. Positiv ist in diesem Zusammenhang der Trend zu sehen, daß die „Periode der Tools“, also das einseitige, mechanische Anwenden von (DV)-Werkzeugen und Methoden endlich ihrem Ende zugeht.

So führen z.B. Fragen wie „Wie helfe ich dem anderen?“, „Wie kann ich die Aufgabe am besten bewältigen?“ zu besseren Antworten bei der Lösung von Projektproblemen als umfangreiche Dienstanweisungen und permanente Kontrolle. Die Zahl der optimal ausgebildeten Projektmanagement-Fachleute in den Unternehmen ist zwar noch lange nicht ausreichend, aber sie nimmt stetig zu. Sie sind die unentbehrlichen „Fachpromotoren“ für Projekterfolge. Was oft fehlt, sind die erforderlichen, richtig plazierten „Macher“ und „Durchsetzer“, um gute Ansätze voll zur Wirkung kommen zu lassen. Aber eine Bewegung in diese Richtung ist deutlich erkennbar.

3.4.1 Anforderungen an die Gruppenteilnehmer

Die Teilnehmer bei Projekten müssen die Bereitschaft und Fähigkeit zur Gemeinschaftsleistung haben. Erforderlich sind: eine Wir-Haltung, positive Einstellungen, sich artikulieren können, Geduld haben, systematisches Vorgehen und Fachwissen. Mangelndes sprachliches Ausdrucksvermögen stellt zwar ein Hindernis dar, aber kein gravierendes. Entscheidend für die Mitarbeit im Team ist eine positive Einstellung zum Mitmenschen, zu seinen Problemen, seinen Wünschen und Bedürfnissen, den Eigentümlichkeiten seiner Persönlichkeit, seiner Ausdrucksweise und seinen Ideen.

Es kommt in der Gruppe nicht darauf an, wer eine Idee zuerst vertritt, wer die Lösung prägnant formuliert, sondern daß die Gruppe gemeinsam das Problem bewältigt. Wichtig ist das Bewußtsein, daß jeder einzelne trotz seines Könnens und seiner Kreativität – von Ausnahmen abgesehen – weniger zustandebringen kann als eine Gruppe von Menschen (Gruppenwesen).

Ein Mensch mit einem stabilen Selbstbewußtsein wird sich nicht auf Kosten anderer profilieren müssen oder unangemessen reagieren, wenn ihm/ihr fälschlich etwas unterstellt wird. Er/sie wird die Lösung der Sache in den Mittelpunkt stellen. Der Teamleiter muß nicht fürchten, daß in endlosen Monologen die anderen totgeredet werden.

3.4.2 Die Aufgaben des Teamleiters

Der Teamleiter begleitet den Entscheidungsprozeß der Gruppe und fördert den Gedankenaustausch der Teilnehmer sowie das gegenseitige Vertrauen und partnerschaftliche Verständnis (Wir-Gefühl). Er leitet die Gesprächsrunden der Gruppe. Leiten ist nicht mißzuverstehen, es meint sinngemäß „moderieren“. Die vorrangige Aufgabe des Projektleiters liegt im Fördern der Motivation, der Leistungsbereitschaft und Überzeugungsfähigkeit sowie der persönlichen Entfaltung; die Förderung von Sensibilität und Bescheidenheit gehören ebenfalls hierher.

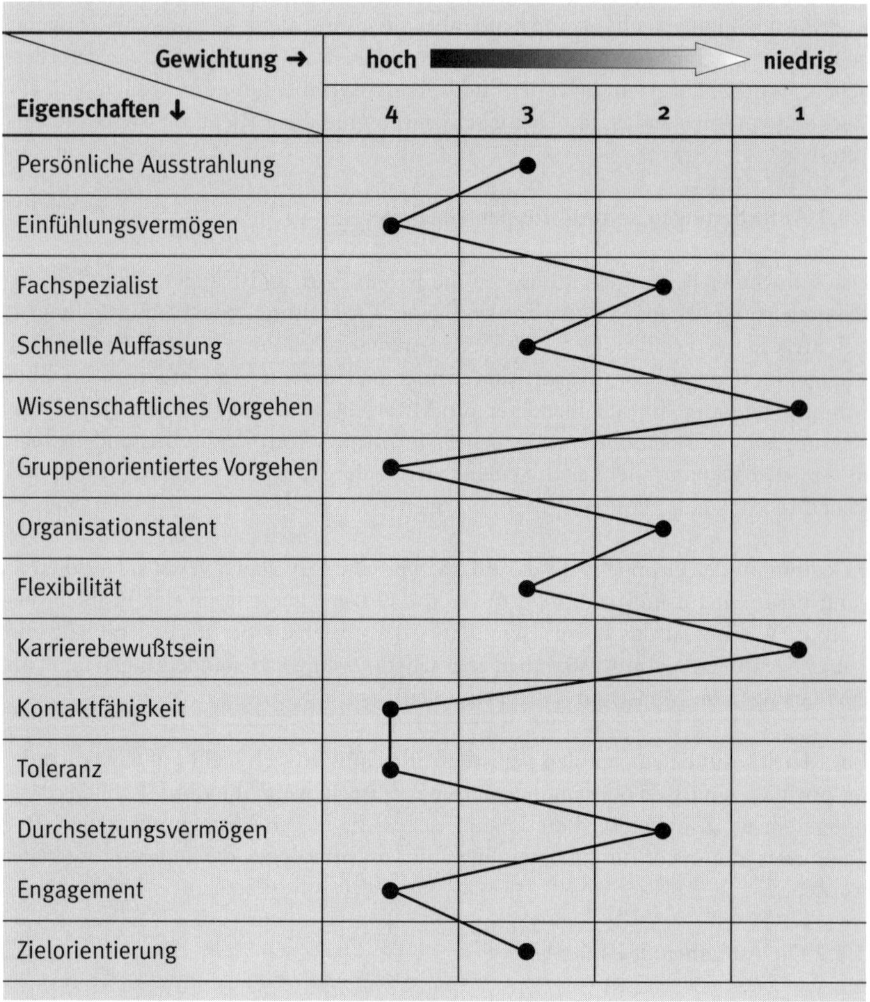

Abb. 10 Anforderungsprofil eines Gruppenleiters

Der Teamleiter hat als Moderator den Diskussionsablauf mit pädagogisch-psychologischer Kompetenz zu steuern. Dazu zählen im einzelnen folgende Aufgaben:

- Die „Spielregeln“ der Zusammenarbeit vereinbaren und festlegen.
- Koordination der Gruppe.
- Grenzen ziehen und Spielräume geben.
- „Öffnen“ der Teilnehmer zu konstruktiven Beiträgen.
- Abweichungen vom Thema verhindern.
- Vermittlung zwischen konträren Positionen.
- Alle Teilnehmer zu Wort kommen und ausreden lassen.
- Sich nicht in den Vordergrund stellen.
- Mehr fragen, weniger sagen.
- Zuhören, Notieren und Zusammenfassen von Diskussionsbeiträgen.
- Anregungen geben.
- Er/sie darf kein Interesse an „bestimmten“ Ergebnissen haben.
- Zeitliche Organisation und Koordination der Diskussion.
- Ideen und Resultate gegenüber Dritten vertreten.

3.4.3 Merkmale leistungsfähiger Gruppen
(nach Mc. Gregor)

1. Das Klima, das man schon nach wenigen Minuten spürt, erscheint unbürokratisch, behaglich und entspannt. Es herrscht eine Arbeitsatmosphäre, die Menschen zu engagieren und zu interessieren vermag.

2. Eine lebhafte Diskussion findet statt, an der jeder teilnimmt. Sie schweift nicht von der Gruppenaufgabe ab.

3. Aufgaben und Ziele der Gruppe sind allen Mitgliedern bekannt und vertraut; sie finden Zustimmung.

4. Die Gruppenmitglieder hören einander zu. Die Diskussion springt nicht von einem Punkt zum anderen. Jede Idee findet Gehör.

5. Es gibt abweichende Ansichten. Die Gruppe nimmt das ohne Unbehagen hin. Meinungsverschiedenheiten werden nicht unterdrückt oder überstimmt. Die Gruppe ist eher bestrebt, Einwände aufzulösen, als den Betreffenden zu überstimmen. Auf der anderen Seite kennt man auch keine „Tyrannei der Minderheit“. Wer anderer Meinung ist, erweckt nicht den Anschein, als wolle er die

Gruppe dominieren. Die Meinungsverschiedenheiten gehen auf echte Unterschiede in den Ansichten zurück und werden zur Sprache gebracht, damit eine Lösung gefunden werden kann.

6. Die meisten Beschlüsse werden im Geist der Übereinstimmung gefaßt. Auf der anderen Seite besteht bei denen, die das Vorgehen nicht zu unterstützen bereit sind, wenig Neigung, ihre Opposition zu unterdrücken und die Meinungsverschiedenheiten unter der Maske der Einstimmigkeit zu tarnen. Von formellen Abstimmungen macht man nur wenig Gebrauch. Die Gruppe nimmt eine einfache Mehrheit nicht als Grundlage für ihr Vorgehen hin.

7. Kritik fließt leicht von den Lippen, offen und ohne Ängstlichkeit. Die Kritik ist konstruktiv und zielt darauf ab, Hindernisse zu beseitigen, um die Aufgabe lösen zu können.

8. Die Mitglieder geben ihren Gefühlen und ihren Ideen freien Ausdruck, soweit sie zum Problem beitragen und die Gruppenarbeit betreffen. Es gibt keine „Leisetreter".

9. Wird ein Vorhaben eingeleitet, so werden klare Anordnungen getroffen und akzeptiert. Der Vorsitzende herrscht weder über die Gruppe, noch kuscht die Gruppe. Beobachtet man die Gruppenarbeit, so stellt man fest, daß die Führung von Zeit zu Zeit weitergegeben wird, je nachdem wie es die Umstände erfordern.

10. Die Gruppe verfolgt ihr eigenes Vorgehen mit wachem Bewußtsein. Sie wird des öfteren einhalten, um sich zu vergewissern, wie gut sie vorankommt und wo etwaige Störungsmomente zu beobachten sind. Um was es sich auch handeln könnte, man wird darüber offen reden und eine Lösung herbeiführen.

4 Innere „Antreiber“ stören die Zusammenarbeit mit anderen

4.1 Die fünf Grundantreiber

Unsere Einstellungen prägen unser Verhalten; sie hängen u.a. auch von den Faktoren ab, die aus unserer Erziehung zu Motoren unseres Handelns, zu „Antreibern“ geworden sind. Wenn man sich ihrer bewußt ist, kann man das eigene Verhalten im Umgang mit anderen ändern. Victor E. Frankl, der Begründer der Logotherapie und Schüler von Sigmund Freud, unterscheidet fünf Grundantreiber:

„Sei perfekt!“

„Streng Dich an!“

„Beeil Dich!“

„Sei gefällig!“

„Sei stark!“

Alle anderen Antreiber, die Ihnen jetzt spontan einfallen, können diesen Grundantreibern zugeordnet werden.

4.1.1 Wohin sich die „Antreiber“ entwickeln können

Antreiber sind zunächst neutral und nicht negativ. Nur in der Übertreibung, in den Auswüchsen, können sie zu Problemen oder Konflikten mit anderen führen:

- Der *„Sei perfekt!“*-Antreiber kann zum Pedanten führen, der nur seine Ordnungsprinzipien gelten läßt.

- Der *„Streng Dich an!“*-Antreiber kann zu Besserwisserei und Wichtigtuerei ausarten, so daß der Mensch nur noch mit Scheuklappen und ohne Rücksicht auf andere sein Ziel verfolgt.

- Der *„Beeil Dich!“*-Antreiber kann den Menschen zum Gehetzten machen, der für nichts und niemanden mehr Zeit hat.

- Der *„Sei gefällig!“*-Antreiber kann ein angepaßter Ja-Sager oder „Radfahrer“ sein, der eigene Bedürfnisse und eigene Standpunkte nicht mehr artikulieren kann.

- Der *„Sei stark!“*-Antreiber kann jemanden zum „Superman“ oder egoistischen Einzelgänger werden lassen.

Ein Antreiber kann auch dazu führen, daß man andere ständig unter Druck setzen will, Angst und Schrecken verbreitet. Untersuchungen belegen eindeutig, daß dann sowohl die körperliche, als auch die geistige Leistungsfähigkeit bei den anderen deutlich nachläßt.

4.1.2 Den „Antreibern“ die „Erlauber“ entgegensetzen

Antreiber	Erlauber
Sie fordern von sich:	Sie erlauben sich:
Sei perfekt!	**Ich darf auch Fehler machen**
• Vorbild • Genauigkeit • Präzision • Gründlichkeit • Aufgabenübererfüllung	• Offenheit • Natürlichkeit • Spontanität • Humor • Authentizität
Beeil Dich!	**Ich darf mir Zeit nehmen**
• Dynamik • Tempo • Zeitdruck • Streß	• Ruhe • Besonnenheit • Überlegtheit • Ausgeglichenheit
Streng Dich an!	**Ich darf gelassener sein**
• Fleiß • Einsatz • Pflichtbewußtsein • Selbstlosigkeit	• Beharrlichkeit • Geduld • Optimismus • Positives Denken
Sei gefällig!	**Ich darf ich selbst sein**
• Verbindlichkeit • Loyalität	• Selbsterkenntnis • Selbstachtung

• Bescheidenheit • Unterordnung • Rücksichtnahme	• Ruhen in sich selbst • sich selbst respektieren • eigene Bedürfnisse haben
Sei stark!	**Ich darf offen sein**
• Durchsetzung • Durchhalten • Aggression • Heroismus • Härte	• Rücksichtnahme • Klarheit über eigene Ziele • Bestimmtheit • Selbständigkeit • Selbstverantwortung

Der Unterschied zwischen mir unbewußtem und bewußtem Antrieb:

Der Antreiber treibt mich	Ich kann den Antreiber kontrollieren
unbewußt	bewußt
automatisch	ihn selbst regeln
unbegrenzt	begrenzen
„es treibt mich“	„ich treibe mich“
meine Karriere hat mich im Griff	ich habe meine Karriere im Griff
ich muß	ich will

4.1.3 Checkliste: Was sind Ihre persönlichen Antreiber?

Der folgende Test (nach G. H. Stroebe) kann Ihnen helfen, Ihre wesentlichen kritischen Normen bzw. „Antreiber“ zu erkennen.
Ihre Antworten sollten Sie ohne vorherige Diskussion eintragen.

✔ Was sind Ihre persönlichen Antreiber?

	Ja	Nein
❶ Sind Sie vor dem 6. Lebensjahr längere Zeit von Ihren Eltern getrennt gewesen?	☐	☐
❷ Waren Ihre Eltern oder ein Elternteil sehr religiös?	☐	☐
❸ Wenn Dinge heute schief gehen, tendieren Sie dazu, sich verwirrt oder peinlich berührt zu fühlen?	☐	☐
❹ Mußten Sie als Kind viel Verantwortung tragen?	☐	☐
❺ Wenn Dinge heute nicht klappen, haben Sie das Gefühl, man kann Ihnen nicht zumuten, es weiter zu versuchen?	☐	☐
❻ Gingen Sie als Kind auf ein Internat?	☐	☐
❼ Wenn Dinge heute schief gehen, tendieren Sie dazu, sich schuldig zu fühlen?	☐	☐
❽ Haben Sie öfter den Eindruck, daß Sie nicht so gut wie andere sind?	☐	☐
❾ Haben Sie öfter den Eindruck, daß Sie mit anderen näher in Kontakt kommen möchten, als Sie es tatsächlich tun?	☐	☐
❿ Wenn Dinge heute schief gehen, tendieren Sie zu dem Gefühl, von anderen nicht geschätzt zu werden?	☐	☐
⓫ Wenn Dinge heute schief gehen, tendieren Sie dazu, die Nerven zu verlieren und das Gefühl zu haben, nicht mehr richtig denken zu können?	☐	☐

⓬ Sind Sie ein Perfektionist?	☐	☐
⓭ Haben Sie öfter das Gefühl, daß Sie ein Versager sind?	☐	☐
⓮ Haben Sie öfter das Gefühl, daß andere Leute Sie nicht so sein lassen, wie Sie sind?	☐	☐
⓯ Hatten Ihre Eltern oder ein Elternteil ehrgeizige Ziele, die Sie nie erreichen konnten, die Sie aber erreichen sollten?	☐	☐
⓰ Benötigte eines Ihrer Elternteile viel Pflege oder besondere Rücksichtnahme, als Sie ein Kind waren?	☐	☐
⓱ Sind Sie das einzige / das jüngste Kind in Ihrer Familie?	☐	☐
⓲ Haben sich Ihre Eltern oder ein Elternteil sehr viel darum gekümmert, was andere Leute über Sie dachten?	☐	☐
⓳ Haben Sie öfter das Gefühl, daß das Leben sinnlos ist?	☐	☐
⓴ Vergleichen Sie sich oft mit anderen Leuten?	☐	☐

Auswertung

Nur die Ja-Antworten zählen bei den einzelnen Fragen.

Fragen:	Antreiber:
2, 7, 8, 12	Sei perfekt!
1, 6, 11, 19	Beeil Dich!
5, 13, 15, 20	Streng Dich an!
3, 14, 17, 18	Sei gefällig!
4, 9, 10, 16	Sei stark!

Wenn ein Antreiber zweimal und öfter zugetroffen hat, können Sie davon ausgehen, daß er einen wesentlichen Bestandteil Ihrer Persönlichkeit darstellt.

4.2 Der Umgang mit Problempartnern

Was können Sie unternehmen, um mit einzelnen Problempartnern produktiver zusammenzuarbeiten?

- Formulieren Sie, was Sie von ihm/ihr erwarten. Das Wort „muß“ sollte dabei nicht auftauchen.
- Wiederholen Sie klar und deutlich, was Sie möchten bzw. verlangen.
- Wenn das gewünschte Verhalten ansatzweise gezeigt wird, dann sollten Sie es verstärken.

  Das gewünschte Verhalten muß für den/die anderen insgesamt angenehm sein. Es sollte im rechten oberen Feld des Verhaltensfensters liegen *(Abb.11)*.

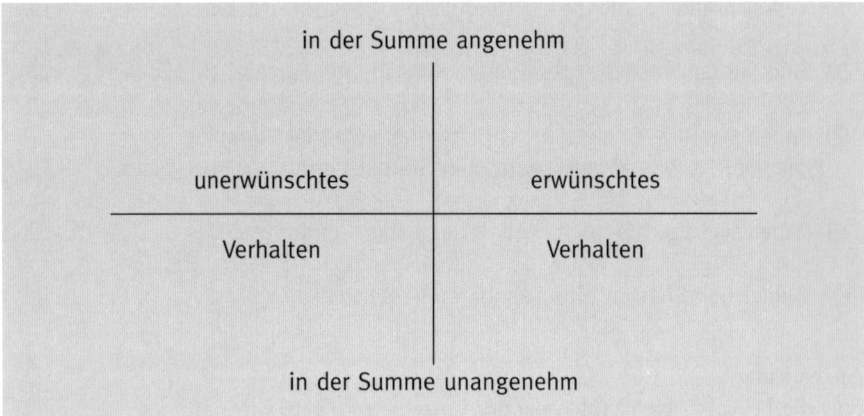

Abb. 11 Verhaltensfenster

Verstärkung: Ereignisse (Reaktionen) der Umwelt, die Verhalten beeinflussen.
Positive Verstärkung: Die auf eine Reaktion folgenden Verstärker erhöhen die Wahrscheinlichkeit des Auftretens dieser Reaktion.

Beispiel: Ein Mitarbeiter hat seine Sache gut gemacht, er wird dafür belohnt. Wahrscheinlich wird er seine Sache auch in Zukunft gut machen.

4.2.1 Wie Sie aggressiven Personen begegnen

- **Anerkennen, akzeptieren, ernst nehmen**
  1. Anerkennen der Offenheit – „Ich finde es gut, daß Sie mir offen sagen, was los ist“.
  2. Akzeptieren, daß der andere recht hat (falls er wirklich im Recht ist) – „Sie haben recht“.

3. Ernst nehmen, indirekt recht geben (wenn der andere möglicherweise im Unrecht ist) – „Ich kann Ihren Standpunkt verstehen“, „so kann man die Situation auch sehen“, „ich habe verstanden, was Sie mir sagen wollen".

- **Offen sein**

1. Zusätzliche Information geben bzw. sie sich holen: „Wie kommen Sie zu dieser Meinung?“, „Ein wichtiger Punkt wäre noch ...“
2. Eigene Gefühle und Empfindungen einbringen: „Das überrascht mich ...“, „Ich befürchte, daß ich bei Ihnen verkehrt angekommen bin“.

4.2.2 Wie Sie ein aggressives Klima entschärfen

Das häufigste Vergehen im Umgang miteinander ist das Abwerten des/der anderen: das Mißtrauen, Nicht-Beachten, Übersehen, Überhören, Geringschätzen, Nicht-Ernstnehmen, Nicht-Zutrauen. Achten Sie deshalb immer die Würde des einzelnen, nehmen Sie ihn ernst und reduzieren Sie das aggressive Klima.

Formen der Aggressivität:

- Verbreitung von Angst und Schrecken
- Sich rücksichtslos durchsetzen
- Verschiedene Formen der Abwertung
- Verfälschen von Tatsachen
- Fortwährendes Geschimpfe und Genörgle
- Schuld immer bei anderen suchen
- Kurz „angebunden“ sein
- Schlechte Laune an anderen auslassen

5 Ihre Dialogfähigkeit bestimmt die Beziehung zu anderen

5.1 Verbale und non-verbale Kommunikation

Die Basis für eine offene Kommunikation ist das Vertrauen. Alles, was den Einzelnen bewegt – dazu gehören auch die sogenannten Nichtigkeiten – muß angesprochen werden können.
Der Umgang mit Menschen erfordert eine Kommunikation ohne Schutzwall; das ist mehr als reine Rhetorik. Offene Kommunikation ist ein wechselseitiger Informationsaustausch und dient dem Bedürfnis nach Kontakt und Sicherheit (s. auch 7.4). Das Gespräch ermöglicht die Beziehung zu anderen Menschen. Wer wichtige Informationen erfährt, kann sich auf Dinge einstellen und sich somit absichern. Und umgekehrt: Wer unwissend ist, wird unsicher; Unsicherheit führt zu Angst und schließlich zu Aggression (nach K. Lorenz):

Unwissenheit
↓
Unsicherheit
↓
Angst
↓
Aggression

Kommunikation dient aber auch dem Bedürfnis nach Selbstverwirklichung und Sinngebung im Berufsleben. Erst wenn man über den Gesamtzusammenhang des Betriebsgeschehens informiert ist, gewinnt man Einblick in den Stellenwert der eigenen Tätigkeit.
Menschen kommunizieren immer. Im Gesprach geschieht Kommunikation verbal (durch Worte) und non-verbal (durch Körpersprache). Non-verbale Kommunikation besteht aus Mitteilungen, die ohne Worte mitgeteilt werden. Statt ja zu sagen, nickt man z.B. mit dem Kopf.
Verbale und non-verbale Kommunikation finden gleichzeitig, sich überlagernd, statt. Man muß im Gespräch auf beide Formen achten: Die Aussage „Das ist aber ein tolles Wetter“ ist nur zusammen mit non-verbalen Äußerungen zu deuten.

Information und Kommunikation

Information / Kommunikation ist für den Menschen lebensnotwendig. Er kann ohne Kommunikation nicht leben. Information ist ein Teilaspekt der zwischen-

menschlichen Kommunikation. Im privaten und öffentlichen Bereich werden die Menschen heute von Informationen überflutet; sie bringen daher Informationserwartungen auch in den Berufsalltag mit.
Mangelndes Informiertwerden wird als Mißachtung ausgelegt, führt in eine isolierte Stellung, erzeugt Spannungen, bringt Unzufriedenheit und beeinträchtigt die Leistung. Informationen sind aus sachlichen und psychologischen Gründen notwendig. Fehlerhafte oder mißbräuchliche Information führt zu Reibungsverlusten, Mißverständnissen und Konflikten.

Das Gespräch

Ein Gespräch ist weit mehr als eine Mitteilung, denn es spielt sich auf zwei Ebenen gleichzeitig ab: einer Inhalts- und einer Beziehungsebene. Dabei bestimmt der Beziehungsaspekt die Sachebene *(s. auch Abb. 2, Seite 14)*.
In der Begegnung verändern sich Menschen: Der „Gesprächs-Sender“ ebenso wie der „Gesprächs-Empfänger“. Durch den Meinungsaustausch ist keiner nachher derselbe, der er vorher war. Damit ändern sich aber auch Machtstrukturen, Hierachien, Einflußmöglichkeiten und Beziehungen. Dieser Dynamik kann sich niemand entziehen.

Unbewußte Übertragungen verstehen

Wir sollten immer versuchen, die unbewußten Übertragungen, das sind non-verbale und unbewußte Gesten aus dem Gefühlsbereich des/der anderen, – zumindest ansatzweise – aufzuspüren, zu verstehen und zunächst zu akzeptieren. Dieses Akzeptieren bedeutet nicht, daß ich mich stets nach diesen Übertragungswünschen richten und verhalten muß. Es geht darum, sich in andere Sichtweisen besser einzufühlen, um zu verstehen, was der/die andere eigentlich will, aber nicht deutlich ausdrücken kann. Blocken Sie emotionale Reaktionen also nicht sofort ab und kehren Sie nicht zu schnell oder zu abrupt auf die Sachebene zurück.

5.2 Gespräche strukturieren

Es gibt generell zwei Wege, Gespräche zu führen: „Was mache ich?“ ist Wissens-orientiert, also die technische Seite des Gesprächs. „Wie mache ich es?“ ist Können-orientiert, also die Beziehungsseite des Gesprächs.
Schon aus zeitlichen Gründen muß im Berufs- und Geschäftsleben jede Art von „face to face“ (von Angesicht zu Angesicht)-Kommunikation zu einem Ziel führen. Zur Zielerreichung muß ein soziales System aus Kommunikation und Handlung entstehen *(s. Abb. 7, Seite 38)*. Bei einer stark partner-zentrierten Methode ist, um im Gespräch die Struktur bzw. das Thema nicht zu verlieren, schon aus Selbstschutz eine Zielorientierung notwendig.

Abb. 12 Gesprächsphasen

Gesprächseröffnung: Begrüßung; eine entspannte Atmosphäre schaffen; nicht gleich mit der Tür ins Haus fallen. Eine Beziehung herstellen, sich ein Bild vom Gesprächspartner / der Situation machen.
Kerngespräch: Zuhören, rückmelden, fragen. Gegenseitige Argumentation zulassen, Argumente vertiefen, keine Vorwürfe machen. Überleitung zur Zielfindung herstellen.
Abschluß: Sicherung des Ergebnisses. Keine Schuldzuweisungen machen. Verabschiedung, evtl. weitere Verabredung, Dank.

5.2.1 Wie Sie richtig zuhören

Das wichtigste im Gespräch ist zuzuhören. Man muß „ganz Ohr“ und für die nonverbale Kommunikation „ganz Auge“ sein. Man muß höchst konzentriert sein, um hörend, sehend, verstehend und mitfühlend das Gespräch leiten und begleiten zu können. Es kommt darauf an, alles wahrzunehmen, was gesprochen oder nicht gesprochen wird: z.B. auch die Angst, die in einer Gesprächspause entstehen kann. Zuhören ist kein passiver, sondern ein sehr aktiver Vorgang. Man muß es genauso lernen wie Lesen, Schreiben und Rechnen.

Warum ist Zuhören so wichtig?
Wenn der Gesprächsleiter Entspannung beim Partner auslösen kann, indem er ihm durch aktives Zuhören Akzeptanz seiner Person signalisiert, wird der Partner motiviert, selbständig die Verantwortung für die Analyse und Lösung eines Problems zu übernehmen. Er wird frei für kreative Anregungen und Beiträge.

Leitlinien fürs Zuhören und Verstehen
(Sie sind nicht als Vorschriften, sondern als praktische Hilfen anzusehen)

Ich rede nur,
- wenn der andere (sich) ausgesprochen hat und damit zuhören kann,
- wenn ich das Gespräch zum Ziel führen möchte,
- wenn ich mich rückversichern muß, ob ich alles verstanden habe (paraphrasieren),
- wenn der andere mich fragt und die Antwort nicht selbst findet,
- wenn ich das in Worten ausdrücken muß, was der andere nicht kann,
- wenn ich Aussagen verstärken muß (Bestätigung, Wertschätzung),
- wenn ich den anderen ermuntern will, weiterzureden.

Wie gut können Sie zuhören?

Lesen Sie die folgende Geschichte langsam und aufmerksam durch. Es sind nur drei kurze Sätze. Sie sollten anschließend einige Fragen dazu beantworten.

Eine Sekretärin erschien eines Morgens nicht im Büro. Auf Nachfrage des Vorgesetzten sagte ihre Freundin, daß diese sich gestern schon krank gefühlt habe. Auf ihrem Schreibtisch lag eine Zigarettenpackung, auf der „Klaus“ gekritzelt war.

Hier sind nun einige Feststellungen zur Geschichte. Wenn Sie glauben, daß die Aussage richtig ist, kreuzen Sie „R“ an. Wenn sie falsch ist, dann „F“. Wenn aufgrund der vorliegenden Informationen weder das eine, noch das andere zutrifft, dann kreuzen Sie „?“ an. Zur Beantwortung einer Frage bitte den Text nicht mehr lesen.

	R	F	?
1. Die Sekretärin war erkrankt	☐	☐	☐
2. Der Vorgesetzte fragte bei der Kollegin nach	☐	☐	☐
3. Auf die Zigarettenpackung war etwas gekritzelt	☐	☐	☐
4. Der Freund der Sekretärin hieß Klaus	☐	☐	☐

Die richtigen Lösungen:
Bei 1. war ? anzukreuzen, denn aus der Geschichte geht das nicht eindeutig hervor.
Auch bei 2. ist ? anzukreuzen, denn es ist nicht gesagt, daß die Freundin auch zugleich die Kollegin ist.
Die 3. Feststellung ist eindeutig richtig und steht fast wortwörtlich so im Text.
Die 4. Aussage ist wieder ein ?; vielleicht heißt ihr Freund Klaus. Die Zigarettenpackung könnte auch gar nicht von ihr sein.

Das ist zwar eine etwas gestellte Geschichte, einige Fragen sollten Sie irritieren. Ziel war ganz einfach, Sie für das Zuhören zu sensibilisieren. Ich denke, Sie haben schon gemerkt, daß richtiges Zuhören gar nicht so einfach ist!

5.2.2 Wie Sie richtig Rückmeldung geben (s. auch 3.2)

Wenn man gut zugehört hat, kann man eine gute, treffende Rückmeldung (feedback) geben. Das heißt, man teilt dem Gesprächspartner mit, was man seinen Worten und Gesten entnommen hat, wie man ihn verstanden hat.

Warum ist Rückmelden wichtig?
Ob wir die sachlichen und emotionalen Aussagen des Gesprächspartners richtig verstanden haben, ermitteln wir durch Rückmelden. Man umschreibt dabei oder wiederholt oder faßt das, was man verstanden hat, zusammen und teilt es dem Gesprächspartner mit. Der andere hört, ob das, was er sagen wollte, auch angekommen ist. Wenn nicht, kann und muß man korrigieren.

Leitlinien für besseres Rückmelden

Richtig rückmelden heißt,
- sich auf den Partner zu konzentrieren. Versuchen Sie, seinen Standpunkt zu verstehen!
- Augenkontakt aufzunehmen, während der/die andere spricht,
- den anderen über sich selbst reden zu lassen, ihn begeistern,
- Wahrnehmungen, Vermutungen, Gefühle mitzuteilen,
- Mitgefühl zu zeigen,
- sich auf ein ganz konkretes Verhalten einer bestimmten Situation zu beziehen,
- in einem freundlichen Ton Zwischenfragen zu stellen,

- zu sagen, was man denkt, fühlt, sieht, hört,
- ab und zu ein „Aha“ oder „Hm“ einzustreuen,
- dosiert rückzumelden, also nicht zuviel auf einmal,
- dafür zu sorgen, daß der andere zuhören kann.

Meta-Kommunikation

Wenn es mit der beschriebenen Rückmeldung nicht mehr weitergeht, kann man es mit der Meta-Kommunikation versuchen. Dies ist eine „Kommunikation über die Kommunikation“; der Einstieg erfolgt über die Beziehungsebene: Die Gesprächspartner diskutieren über größere Gesprächsabschnitte und klären, wie dabei bestimmte Äußerungen bei ihnen innerlich (gefühlsmäßig) angekommen sind. Als Einstieg und Hilfsregel empfiehlt sich die sogenannte „BAZI-Methode“:

B	Beziehung (Beschreiben der Situation) „Ich finde, daß ...“
A	Ausdruck (die wirkliche Gefühlslage klären) „Ich bin ...“
Z	Ziel (Klären der Sachlage) „Ich möchte ...“
I	Information (konkrete Schritte zur Verbesserung vorschlagen) „Es folgen vereinbarte Maßnahmen ...“

Wie wichtig Rückmelden ist, hat schon Konrad Lorenz bei seinen vielfachen Untersuchungen und Experimenten über Kommunikation herausgefunden:

gesagt	**ist noch nicht**	**gehört**
gehört	**ist noch nicht**	**verstanden**
verstanden	**ist noch nicht**	**einverstanden**
einverstanden	**ist noch nicht**	**getan**
getan	**ist noch nicht**	**beibehalten**

Und denken Sie daran: Gemeint ist noch nicht gesagt!

5.2.3 Wie Sie die richtigen Fragen richtig stellen

Wünschenswert ist, das Richtige zu tun; so auch beim Fragen. Wenn man gut zuhört, kann man die richtigen Fragen stellen. Es macht aber einen wesentlichen Unterschied, ***wie*** man die Fragen formuliert. Sie kennen vielleicht die folgende Geschichte:

Ein Dominikaner- und ein Jesuitenpater weilten zu Gast in einem fremden Kloster. Sie meditierten gerade im Klostergarten beim Brevierbeten. Beide waren Raucher und hätten sich so gerne ein Pfeifchen angezündet. Aber geht das beim Brevierbeten? So beteten sie recht lustlos vor sich hin. Da raffte sich der Dominikanerpater auf und lief zum Abt, um ihn zu fragen, ob das Rauchen beim Beten erlaubt sei. Betrübt kam er nach einer Weile wieder, da ihm der Abt das Rauchen verboten hatte. Er könne dadurch abgelenkt werden in seinem Zwiegespräch mit Gott. „Bei aller Liebe, mein Sohn, das geht nicht!", habe der Abt gesagt.

Jetzt ging der Jesuitenpater zum Abt und kam zufrieden Pfeife rauchend, zurück. Der Dominikaner konnte es nicht fassen. Der Jesuit meinte ganz gelassen, er habe nur etwas anders gefragt. Auf seine Frage „Kann ich beim Rauchen auch beten?" habe der Abt geantwortet: „Beten, mein Sohn, kannst Du immer!"

Wenn Du eine weise Antwort willst, mußt Du richtig fragen!

Fragen, die im Gespräch wichtig sind

Offene Fragen sind alle W-Fragen (wer, was, wie, wie lange, wo, warum). „Was haben Sie ...?" „Wie sind Sie ...?" „Warum möchten Sie ...?" Offene Fragen sind hilfreich, da sie ein ganzes Spektrum von Antworten ermöglichen. Bei „warum" sollte man besonders vorsichtig sein, da sich der Gesprächspartner schnell auf der Anklagebank fühlt; vor allem dann, wenn der Ton anklagend ist.

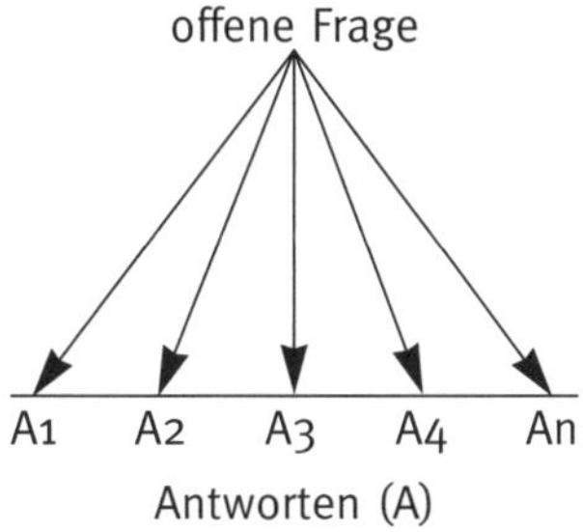

Geschlossene Fragen sind Fragen, die nur mit „ja“ oder „nein“ beantwortet werden können. „Haben Sie ...?“ „Brauchen Sie ...?“ „Möchten Sie ...?“ „Erhalten Sie ...?“ „Werden Sie ...?“

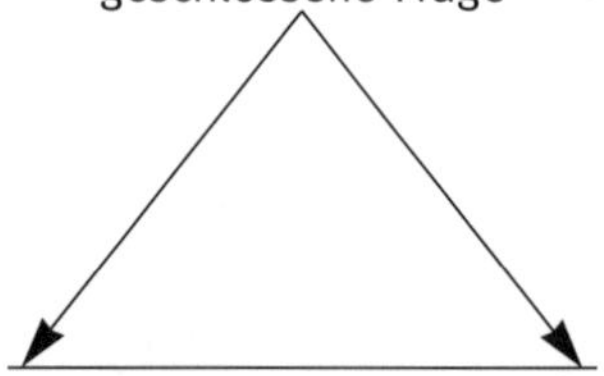

Bei **suggestiven Fragen** steckt in der Frage bereits eine Meinung oder ein „Tatbestand“.
Beispiele: „Sind wir uns soweit einig, daß wir eine Niederlassung gründen wollen?“ „Sind Sie etwa dagegen?“ Die Verantwortung für das Beantworten einer Suggestivfrage liegt mehr beim Fragenden als bei dem, der antwortet.

5.2.4 Andere Sichtweisen verstehen: Ich- / Du-Botschaften

Jeder lebt auf seiner Insel. Um mit anderen liberaler und besser kommunizieren zu können, muß ich meine Insel intellektuell und emotional erweitern. Ich muß mich in andere Sichtweisen, Standpunkte, Denkweisen und Erfahrungshintergründe hineinversetzen können. Wichtig ist nicht nur, **was** ich sage, sondern auch **wie** ich es sage. Der Ton macht die Musik. Zur Verdeutlichung dieses Sachverhalts möchte ich Ihnen die Geschichte mit dem Traum des Sultans erzählen.

Ein arabischer Sultan hatte geträumt, daß er nacheinander alle Zähne verlieren würde. Er war sehr traurig darüber und ließ einen Traumdeuter holen. Nach der Analyse und Auswertung trat dieser vor den Sultan und sagte betrübt: „Majestät, ich muß Ihnen eine schreckliche Mitteilung machen: „Sie werden nach und nach alle Ihre Verwandten verlieren.“ Der Sultan war darüber sehr erbost und ließ den Traumdeuter in den Kerker werfen.

Dann ließ er einen zweiten Traumdeuter kommen. Vom Sultan reich beschenkt kam dieser in seine Hütte zurück. Die Leute wunderten sich über eine so unterschiedliche Behandlung – das konnte doch nicht mit rechten Dingen zugegangen sein! Sie liefen zum zweiten Traumdeuter und wollten sein Geheimnis wissen. Er meinte nur, er habe dem Sultan das gleiche gesagt wie sein Kollege, nur etwas anders verpackt: „Majestät, ich kann Ihnen eine erfreuliche Mitteilung machen. Sie werden alle Ihre Verwandten überleben!"

Ich-Botschaften statt schuldzuweisende Du-Botschaften

„Ich-Botschaften" sind einfühlend, meist weiterführend und konfliktlösend. Sie sollen dem Empfänger helfen, die Lage des „Senders" möglichst unverfälscht wahrzunehmen, z.B.:

- „Ich meine ..."
- „Ich halte für sinnvoll ..."
- „Ich kann gut verstehen, daß ..."
- „Ich fühle mich ..."
- „Ich empfinde ..."
- „Ich bin enttäuscht ..."

„Du-" oder „Sie-Botschaften" sind häufig schuldzuweisend und wirken konfliktverschärfend, z.B.:

- „Sagen Sie mal ..."
- „Was erlauben Sie sich ..."
- „Wie konnten Sie nur ..."
- „Hören Sie doch mal zu ..."
- „Da irren Sie sich ..."
- „Sie haben vielleicht Probleme ..."

Das Wort „muß" entwickelt beim Mitmenschen innere Abwehrhaltungen, da jeder selbst frei entscheiden möchte, was er muß. Daher sollte man die Formulierungen „Du mußt ..." oder „Sie müssen ..." meiden und durch andere Redewendungen (Ich-Botschaften, offene Fragen) ersetzen.

Bitte formulieren Sie die folgenden Ausagen so um, daß sie Ihrer Meinung nach höflicher und konfliktfreier wirken.
Beachten Sie: Das Selbstwertgefühl des Gesprächspartners sollte nicht verletzt werden!

Formulieren Sie Ich-Botschaften

1. „Sie haben das nicht richtig verstanden!“ ______________________
2. „Hören Sie endlich einmal zu!“ ______________________
3. „So geht das nicht!“ ______________________
4. „Wie kann man nur so umständlich sein?“ ______________________
5. „Haben Sie das immer noch nicht kapiert?“ ______________________
6. „Haben Sie noch nichts von ... gehört?“ ______________________
7. „Da irren Sie sich aber!“ ______________________
8. „Jeder halbwegs vernünftige Mensch würde ...“ ______________________

Lösungsvorschläge:

Dies sind nur mögliche Vorschläge, es gibt sicher in der jeweiligen Situation viel bessere Lösungen. Häufig sind es nur kleine Unterschiede und Nuancen in den Formulierungen, die ein positives oder negatives Gefühl beim Gesprächspartner auslösen können. Es geht einfach darum, die Grundidee der Ich-Botschaften zu verstehen und nicht darum, die eine Methode durch eine andere zu ersetzen!

Zu 1. „Aus Ihrer Sicht haben Sie vielleicht recht. Beachten Sie jedoch …“

Zu 2. „Es wird jetzt komplizierter, bitte …“ Schon allein das Wort „bitte“ gibt dieser Aussage eine ganz andere Qualität.

Zu 3. „Es freut mich, daß Sie sich darüber Gedanken gemacht haben. Ich würde aus diesen und jenen Gründen so vorgehen …“

Zu 4. „Es geht sicher auch so, doch es geht auch anders.“

Zu 5. „Vielleicht haben Sie sich zuviel auf einmal vorgenommen. Gehen wir es doch noch einmal schrittweise durch.“

Zu 6. „Ich war letzte Woche auf der … Fachmesse. Es gibt jetzt auch andere Methoden …“

Zu 7. „Ich kann Ihren Weg verstehen, nur Sie haben diesen Aspekt übersehen …“

Zu 8. „Ich kann Ihren Denkansatz durchaus nachvollziehen. Wir sollten aber auch an diese und jene Folgen denken …“

5.2.5 Killerphrasen als Kommunikationshemmer

Die sogenannten Killerphrasen sind Äußerungen, die sich an Gefühle, nicht an den Verstand wenden. Ziel ist es, die gedankliche Weiterentwicklung einer Thematik zu blockieren oder in eine andere Richtung umzulenken. Die Kenntnis dieser Phrasen soll Sie in die Lage versetzen, sie nicht anzuwenden und sie bei Auftauchen zu „killen". Kommt Ihnen doch einmal spontan eine Killerphrase über die Lippen, dann sollten Sie sich sofort korrigieren. Hier folgt eine – gewiß nicht vollständige – Übersicht solcher Killerphrasen.

- Das kann ja gar nicht funktionieren!
- Das ist doch viel zu kompliziert / primitiv / gefährlich / teuer / riskant!
- Darüber brauchen wir ja gar nicht erst zu reden!
- Wir haben keine Zeit!
- Wozu denn ändern? Es funktioniert doch!
- Das ist doch ein alter Hut!
- Das wird überall so gemacht!
- Wer soll denn das bezahlen?
- Das können Sie nicht so beurteilen!
- Was verstehen Sie denn davon?
- Haben Sie denn da Erfahrungen?
- Das kann doch nicht Ihr Ernst sein!
- Was glauben Sie, wozu ich studiert habe?
- Darum geht es doch gar nicht!
- Glauben Sie mir das ruhig!
- Wie lange sind Sie denn schon bei uns?
- Ich weiß, was das heißt, ...!
- Wie kommen Sie denn darauf?
- Dafür sind Sie doch viel zu jung / alt!
- Darüber sind wir uns ja wohl einig!
- Da irren Sie sich!
- Das ist Ihr Problem!
- Das war noch nie da!
- Stimmt nicht!
- Falsch!
- Nein!

5.3 Warum Gespräche häufig scheitern

Im folgenden sind einige Klagen von Mitarbeitern aufgeführt, die deutlich machen, warum Gespräche häufig scheitern und nicht zum gewünschten Erfolg führen:

1. Ich konnte nicht ausreden. Mein Chef hat mich dauernd unterbrochen.
2. Ich konnte mich auf das Gespräch nicht vorbereiten, wurde überrumpelt.
3. Ich fühlte mich zu Entscheidungen gedrängt, obwohl ich noch nicht restlos überzeugt war.
4. Der Chef hat mich von oben herab behandelt, ließ deutlich seine Überlegenheit spielen.
5. Ich war meinem Chef rhetorisch unterlegen. Mir fehlen oft die richtigen Worte.
6. Ich fühle mich in seinem Büro unbehaglich und befangen.
7. Mir war peinlich, daß andere zuhörten.
8. Wir wurden häufig unterbrochen und gestört.
9. Ich hatte das Gefühl, ihm geht es nur um die Sache. Als Mensch war ich uninteressant.
10. Er wirkte gehetzt, zerstreut, unaufmerksam, war unter Zeitdruck.
11. Er hatte schon eine vorgefaßte Meinung. Ich redete gegen eine Wand.
12. Er war oberflächlich, sehr verbindlich, trotzdem aber glatt. Guter Schauspieler.
13. Seine Freundlichkeit war nur gespielt, kam nicht aus dem Herzen.
14. Es kam zu keiner Entscheidung. Wir redeten um den heißen Brei herum.
15. Er hat mich dauernd widerlegt, immer Kontra gegeben, hatte keinerlei Verständnis.
16. Er hat sich überhaupt nicht bemüht, die Dinge auch mal aus meiner Sicht zu sehen.
17. Er hat mich mit schönen Worten abgespeist. Ich fühlte mich hinterher verarscht.
18. Er kann überhaupt nicht zuhören, tut nur so.
19. Er wurde laut, fing an zu schreien und zu toben.
20. Er hat viel selbst geredet, monologisiert. Ich kam nicht zum Reden.

Zum Abschluß dieses Kapitels noch eine Empfehlung aus eigener Erfahrung:
Geben Sie auf einen (vielleicht unberechtigten) Einwand nicht sofort kontra. Holen Sie erst einmal tief Luft und atmen Sie kräftig durch (ein und aus). Das dauert nur zwei bis drei Sekunden, baut den Streß ab, Sie fühlen sich wohler, und der Kopf wird freier. So können Sie dann sachlicher, überlegter und emotionsloser argumentieren.

6 Wer andere führen will, muß mit Konflikten umgehen können

In der Psychologie, aber auch in den Sozialwissenschaften, spricht man dann von einem Konflikt, wenn zwei Elemente gleichzeitig gegensätzlich oder unvereinbar sind. Etwas salopper ausgedrückt: Ein Konflikt entsteht dann, wenn der/die andere nicht so will, wie ich mir das vorgestellt habe.
Konflikte sind etwas ganz Normales. Wo Menschen zusammenleben, wird es immer wieder zu gegensätzlichen Vorstellungen kommen. Aus diesen Divergenzen ergeben sich zwangsläufig Konfliktsituationen. Von entscheidender Bedeutung ist, wie sie be- bzw. verarbeitet werden.
Es gibt auch Konfliktsituationen, die unlösbar sind. Das bedeutet: Keines der divergierenden Ziele kann so verwirklicht werden, daß dabei nicht existentielle Lebensbereiche der am Konflikt Beteiligten in Mitleidenschaft gezogen würden.

6.1 Wie Konflikte entstehen

- Indirekte Ansprache:
  Man redet nicht miteinander, sondern übereinander.
  Die Kommunikation ist nicht offen und aufrichtig.
  Informationen sind unzureichend oder bewußt irreführend.
  Geheimniskrämerei und Unaufrichtigkeit.
- Verschiedene Bedeutungen, unterschiedlicher Erfahrungshintergrund:
  Die Aufgabe wird nicht mehr als gemeinsame Anforderung wahrgenommen, in der jeder mit seinen Kräften und Fähigkeiten zum Gelingen beiträgt.
- Selbstwert und eigene Identität werden überbetont:
  Es wird deutlicher das gesehen, was trennt, als das, was verbindet.
  Unterschiedliche Wertüberzeugungen treten hervor.
- Man interpretiert unnötig etwas in das Gesagte / in die Situation hinein:
  Versöhnliche Gesten werden als Täuschungsmanöver gedeutet.
  Unsere „Hirngespinste" haben nichts mehr mit der Realität zu tun.
  Ein gutes Beispiel dafür ist die Geschichte mit dem Hammer von Paul Watzlawick:

Ein Mann will ein Bild aufhängen. Den Nagel hat er, nicht aber den Hammer. Der Nachbar hat einen. Also beschließt der Mann hinüberzugehen und ihn auszuborgen. Doch da kommt ihm ein Zweifel: Was, wenn der Nachbar mir den Hammer nicht leihen will? Gestern schon grüßte er mich nur so flüchtig. Vielleicht war er in Eile. Aber vielleicht war die Eile nur vorgeschützt, und er hat etwas gegen

mich. Und was? Ich habe ihm nichts angetan; der bildet sich da etwas ein. Wenn jemand von mir ein Werkzeug borgen wollte, ich gäbe es ihm sofort. Und warum er nicht? Wie kann man einem Mitmenschen einen so einfachen Gefallen abschlagen? Leute wie dieser Kerl vergiften einem das Leben. Und dann bildet er sich noch ein, ich sei auf ihn angewiesen. Bloß weil er einen Hammer hat. Jetzt reicht's mir wirklich.
Und so stürmt er hinüber, läutet, der Nachbar öffnet, doch bevor er „Guten Tag" sagen kann, schreit ihn unser Mann an: „Behalten Sie Ihren Hammer, Sie Rüpel!"

Mögliche Konfliktmacher

Druck und Drohungen treten an die Stelle offener Diskussion und Überzeugungsarbeit.
Typische Beispiele sind die folgenden Äußerungen:

- „Sie müssen ...", „Sie sollen ..." (befehlen, anordnen)
- „Ich rate Ihnen ...", „Wenn Sie es nicht tun, dann ..." (warnen, drohen)
- „Es wäre halt besser ...", „Es ist Ihre Pflicht ..." (moralisieren, predigen)
- „Ist Ihnen klar, daß ...", „Da liegt Ihr Irrtum ..." (belehren, dozieren)
- „Sie denken nicht logisch ...", „Es ist verrückt, was Sie da tun ..." (kritisieren, zurechtweisen)
- „Wer hat Sie überhaupt eingestellt?", „Nun haben Sie uns das eingebrockt!" (herabsetzen, beschämen)
- „Was Sie brauchen, ist ...", „Damit wollen Sie ja nur sagen, daß ..." (analysieren, diagnostizieren)
- „Warum haben Sie ...?", „Wer hat ...?" (ausfragen)

6.2 Wie Sie mit Konflikten umgehen

Üblicherweise wird auf Konflikte wie folgt reagiert:

1. Angriff
Durchsetzen, Erzwingen, Ich oder Du, Drohungen und Macht einsetzen.
Diese Methode löst Rachegefühle aus.

2. Unterwerfung
Nachgeben, auf eigene Ziele verzichten, Meinungsverschiedenheiten nicht hochspielen, glätten, harmonisieren.
Es wird ja gesagt, aber nichts getan; dies führt zu Frust.

3. Flucht
Vermeidung, Rückzug, gar nichts tun, latente Konflikte ja nicht aufrühren. Probleme unter den Teppich kehren.
Dieses Verhalten führt zu Hilflosigkeit und Ablenkung.

4. Verharmlosung
„Fauler" Kompromiß, jeder rückt von seinen ursprünglichen Forderungen ab. Einigung auf den kleinsten gemeinsamen Nenner. Die Gefühle der Beteiligten werden nicht ernst genommen.
Keiner ist so richtig zufrieden.

Partner-orientierte Formulierungen (konfliktlösend)

Um Vertrauen aufzubauen und die Bereitschaft zu signalisieren, dem anderen mit Rat und Tat helfen zu wollen, sollte man, wann immer es möglich ist, partner-orientierte Formulierungen wählen. Hier ist eine – gewiß nicht vollständige – Auswahl:

- „Vermute ich richtig?"
- „Wie beurteilen Sie das?"
- „Was halten Sie davon?"
- „Bringt Ihnen das etwas?"
- „Sagt Ihnen das zu?"
- „Sehen Sie das nicht auch so?"
- „Wie stehen Sie dazu?"
- „Stimmt's?"

„Werkzeuge“ der Konfliktbewältigung

Damit die Kommunikation offen und aufrichtig ist, die Informationen ausreichend, nicht irreführend oder unaufrichtig sind, sollte man das folgende „Handwerkszeug“ beherrschen:

- **Aktiv zuhören** (s. auch 5.2.1)
- **Rückmeldung geben** (s. auch 5.2.2)
- **Offene Fragen stellen** (s. auch 5.2.3)
- **Ich-Botschaften senden** (s. auch 5.2.4)
- **Absichten / Ziele offen legen,**
- **Konkrete Vereinbarungen treffen.**

Diese „Techniken“ sind natürlich keine Patentrezepte. Jeder Fall muß individuell gesehen werden. Oft genügen z.B. schon Neuerungen in den Abläufen, in der Organisation oder im Entlohnungssystem, um Konflikte zu beheben. Wenn sie allerdings in Beziehungsstörungen verwurzelt und verfestigt sind, bedürfen sie einer längeren Verhaltensschulung.

Anzustrebende Verhaltensweisen

Anzustreben ist ein gemeinsames Problemlösen, eine kreative Zusammenarbeit, um trotz Widerständen und Rückschlägen einen beiderseitigen Konsens, einen größten gemeinsamen Nenner zu finden. Ein Konsens beinhaltet, sich von erstarrten Vorstellungen zu lösen und neue Möglichkeiten ins Auge zu fassen. Das Eingehen auf den/die anderen geschieht durch:

- direkte Kommunikation, um sich und die eigenen Probleme darzustellen; das Verhalten muß echt und transparent sein, es darf nicht aufgesetzt wirken.
- Einfühlungsvermögen in den/die anderen: „Mich interessiert dein Problem. Ich kann verstehen, warum du dich so verhältst.“
- nein sagen können, ohne zu verletzen, ohne zu demotivieren: „Du interessierst mich weiter als Person, auch wenn wir in diesem Punkt sachlich anderer Meinung sind.“
- Toleranz für Gegensätze. Durch Meinungsverschiedenheiten sollte man sich nicht gleich aus dem Gleichgewicht bringen lassen. Zwischen schwarz und weiß gibt es unendlich viele Grautöne.
- das Aushalten von Spannungen, die man nicht sofort aus der Welt schaffen sollte.

In verschiedenen Situationen können durchaus unterschiedliche Reaktionen angemessen sein. Ein Konflikt wird eher bewältigt, wenn die Beteiligten flexibel zwischen den Stilen variieren können. Jeder Mensch lernt, mit welchem Stil er am besten einen Konflikt angeht und auf welchen er dann überwechselt, wenn der erste erfolglos bleibt. Sehen Sie Konflikte als Chance und als eine Möglichkeit, Ihr persönliches Wachstum zu verbessern!

Wenn ich mit einer bestimmten Person immer wieder Konflikte habe, sollte ich einmal zu folgenden Punkten Überlegungen anstellen:

Mein Verhalten zum Konfliktpartner

Bewerten Sie Ihre ersten beiden Aussagen auf der Skala von 1 (sehr schwach) bis 10 (sehr stark), sofern diese auf Sie zutreffen.

1. Wann habe ich meinem Konfliktpartner das letzte Mal Anerkennung zuteil werden lassen? Wie intensiv war diese Anerkennung?

1 2 3 4 5 6 7 8 9 10

2. Wann habe ich ihm/ihr das letzte Mal Kritik „verpaßt"? Wie intensiv war diese Kritik?

1 2 3 4 5 6 7 8 9 10

Sie werden feststellen, daß die beiden Einstufungen (Anerkennung / Kritik) sehr unterschiedlich ausfallen.

3. Wo hat mein Konfliktpartner auch starke Seiten? Wann werde ich ihm/ihr das sagen? ______________________________

____

____

4. Wo könnte mein Problempartner auch Probleme mit mir haben (s.auch 4. „Mein(e) Antreiber") ______________________________

____

____

5. Was will ich konkret zur Verbesserung tun? ______________________________

____

____

Dabei wären folgende Fragen zu klären:

Was ist gut und soll so bleiben?
Wo drückt der Schuh am meisten?
Welche Lösung schlage ich vor?
Welchen Beitrag zur Lösung leiste ich?
Was sollte sich bei mir ändern?
Welches Verhalten sollte mein Partner stärker bzw. deutlicher zeigen, damit die Zusammenarbeit besser funktionieren kann?
Welches Verhalten sollte er/sie weniger oder gar nicht mehr zeigen?
Welches Verhalten sollte er/sie auf keinen Fall verändern?
Welche „Spielregeln" werden für die Zukunft vereinbart?

Diese Fragen sollten natürlich partnerschaftlich im Dialog geklärt werden. Jeder Punkt wird der Reihe nach abgearbeitet, indem sich die Gesprächspartner nacheinander äußern, u.U. mit einem neutralen Moderator.

6.3 Wie Sie Konflikte richtig behandeln

Das Ziel ist:
Veränderungen im Konfliktverhalten zu erreichen, ohne auf tiefere Aspekte der Persönlichkeiten oder Gruppen eingehen zu müssen. Konkrete, überprüfbare Vereinbarungen sollten getroffen werden, die auf der Basis von Gleichheit erzielt werden.

Vorgehensweise *(nach G. H. Stroebe)*

Drei Konfliktparteien, Anton, Bernd und Christine, wollen beispielsweise ihr gegenseitiges Verhalten als Kollegen verbessern. Dies geschieht auf folgende Art:

1. Anton schreibt auf ein Blatt (Muster s. folgende Seite), welche konkrete Verhaltensänderung er sich von Bernd wünscht.
   Wichtig: Keine Allgemeinheiten, keine Haltungen, sondern sichtbares konkretes Verhalten umschreiben. Dasselbe schreibt er auf ein anderes Blatt in bezug auf Christine. In derselben Zeit verfahren Bernd und Christine in bezug auf die jeweils anderen Kollegen genau so.
2. Anton, Bernd und Christine tauschen jetzt die Blätter untereinander aus. Sie lesen diese erst durch, denken darüber nach, wie sie auf die Wünsche der anderen reagieren wollen.
3. Jetzt finden bilaterale Verhandlungen statt. Anton und Bernd fangen an. Es ist ein Prozeß des Gebens und Nehmens. Wenn Anton einem Wunsch Bernds entspricht, muß auch Bernd einem Wunsch Antons entgegenkommen. Wenn dies nötig ist, werden die Wünsche noch näher spezifiziert. Immer geht es um konkretes Verhalten!
   In dieser Runde ist Christine Beobachterin und Begleiterin: Sie greift ein, wenn zwischen Anton und Bernd kein wechselseitiges Geben und Nehmen mehr stattfindet, also wenn z.B. Anton nur fordert, aber selbst keine Zugeständnisse machen will.
   Jede Verhandlungsrunde wird mit genauen Festlegungen abgeschlossen und möglichst von beiden unterschrieben. Beide einigen sich auch auf ein Datum zur Überprüfung der Vereinbarung.
4. Jetzt verhandeln Bernd und Christine, Anton führt die Aufsicht.
5. Zuletzt verhandeln Christine und Anton, Bernd beobachtet und greift nötigenfalls ein.

Vereinbarungen zur Verhaltensänderung

Ich (Name, Vorname) ____________________

wünsche von meinem Partner (Name) ____________________

1. Damit ich selbst besser und effizienter handeln kann, sollte mein Partner das folgende Verhalten öfter / stärker / deutlicher zeigen:

a) ____________________

b) ____________________

c) ____________________

2. Damit ich selbst besser und effizienter handeln kann, sollte mein Partner das folgende Verhalten weniger / nicht so häufig / gar nicht mehr zeigen:

a) ____________________

b) ____________________

c) ____________________

3. Damit ich selbst besser handeln kann, sollte mein Partner das folgende Verhalten auf keinen Fall verändern:

a) ____________________

b) ____________________

c) ____________________

Diese Vereinbarungen werden wir am folgenden Tag überprüfen: __________

Unterschriften der beiden Partner: ____________________

7 Motivation erreicht mehr als Manipulation

7.1 Managementsysteme 1945 bis heute

Wenn wir uns einmal die Managementsysteme nach dem 2. Weltkrieg anschauen, so können wir folgende grobe Systematik und Entwicklung feststellen *(s. Abb. 13):*

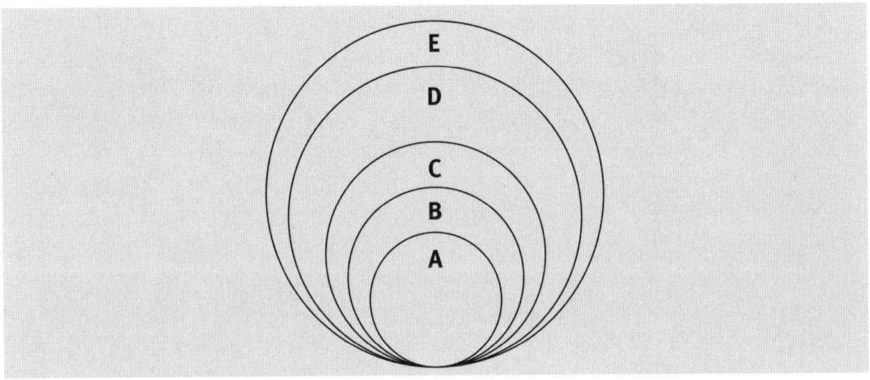

Abb. 13 Managementsysteme nach 1945

A: Bis in die fünfziger Jahre:
Der Ober sticht den Unter. Motto: „Der Chef hat immer Recht!"

B: Ende der fünfziger bis Anfang der sechziger Jahre:
Spezialisierung. Die alleinige Entscheidungsbefugnis wurde auf die Sachgebietsleiter übertragen. Sie hatten auf ihrem Gebiet alle Machtbefugnisse.

C: Mitte und Ende der sechziger Jahre:
Verfeinerung der funktionalen Organisationsstrukturen hin zu den sogenannten Organigrammen. Überbetonung des Kästchendenkens. Grundsatz war: Führen heißt planen, organisieren und kontrollieren.

Die 68er Bewegung erzeugte zum ersten Mal einen Bruch in dieser Entwicklung:

D: Ab Ende der sechziger, Beginn der siebziger Jahre:
Entdeckung des Menschen in den Organisationen. Jetzt hatten die Unternehmen auch eine Seele.

E: Heute (neunziger Jahre):
Das lebendige (vitale) Unternehmen. Vertrauensvolle Zusammenarbeit. Miteinander arbeiten und Erfolg haben. Abbau von Hierarchien. Verlagerung von Verantwortung nach „unten". Autonome und teilautonome Gruppen.

Daß wir uns heute schon in den Betrieben und Organisationen mehrheitlich in der Stufe „E“ befinden, glaube ich nicht. Trotz aller Veränderungen blieben Gehorsam, Hierarchien und Patriarchat weitgehend unangetastet. Ich denke, unterschiedlich ausgeprägt, sind immer noch alle Vorstellungen von Führung vertreten. Für die Entwicklung von „A“ nach „E“ sind gewaltige Lernprozesse nötig, die ihre Zeit brauchen. Unsere Gewohnheiten können wir nicht so leicht und so schnell ändern!

7.2 Hierarchien, Einzelkämpfer, Vernetzungen

Der Trend in den Betrieben geht heute eindeutig weg von hierarchischen Strukturen hin zu Vernetzungen. Im **hierarchischen Modell** steht der Vorgesetzte an der Spitze, läßt sich zuarbeiten und trifft letztendlich die Entscheidungen allein. Es gibt eine klare Anweisungsstruktur mit abnehmenden Freiheitsgraden und Verantwortlichkeiten von „oben" nach „unten". Das führt zu relativ schwerfälligen und umständlichen organisatorischen Abläufen. Die Entscheidungs- und Kommunikationswege sind zu lang, der Aufwand an Detailplanung ist zu hoch, das Lernvermögen der „Spitze" aus Erfahrungen der „Basis" stark eingeschränkt. Die Haltung ist: „Ich bin besser als Du" oder „Ich o.k. – Du nicht o.k.". Man macht den/die anderen klein, um selbst größer zu erscheinen.

Der **Einzelkämpfer** vertraut und baut auf seine Fähigkeiten und Stärken. Doch inzwischen ist alles komplizierter, komplexer und schneller geworden; ein Einzelner kann nur noch spezielle Kenntnisse und Fähigkeiten haben, nicht aber den gesamten Überblick. Er/sie weiß von immer mehr Sachverhalten immer weniger! Isoliertes Einzelwissen und -können reichen aber nicht mehr aus, um komplexe Problemstellungen zu lösen. Dies geht nur noch in Zusammenarbeit mit anderen in einer integrierten, vernetzten Struktur.

Bei **Vernetzungen** haben wir gleichberechtigte Partner, die am Entscheidungsprozeß teilnehmen. Die Stärken jedes einzelnen sollen zur Geltung kommen und werden herausgestellt; so kann man auch mit den Schwächen leben. Oder anders ausgedrückt: Die Stärken stärken, schwächt die Schwächen! Die innere Einstellung, die hier zugrunde liegt ist: „Ich bin vielleicht anders als du, aber nicht besser" oder „Ich o.k. – Du o.k."

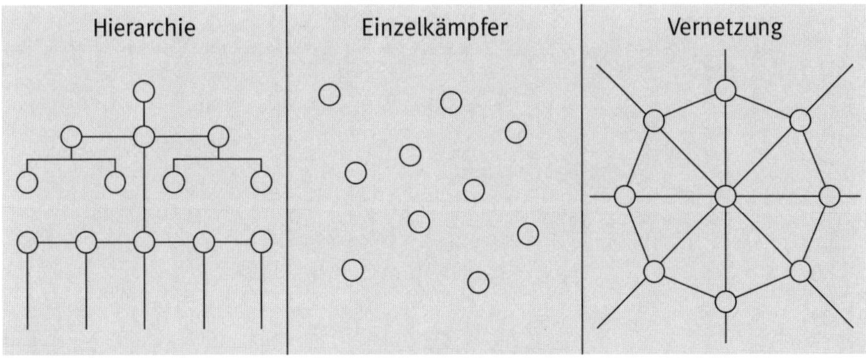

Zur Zeit existieren in Deutschland sowohl hierarchische als auch vernetzte Organisationsformen. Dabei kommt es natürlich öfter zu Kollisionen, vor allem dann, wenn sich Mitarbeiter in vernetzten Strukturen nach hierarchischen Mustern verhalten, oder umgekehrt. Damit die gleichberechtigten, partnerschaftlichen Organisationen auch funktionieren können, muß ein neuer Geist der Zusammenarbeit entstehen. Dieses Umdenken ist ein langer Prozeß und setzt die Bejahung einer gleichberechtigten Partnerschaft und eine von innen heraus selbstgesteuerte, eigenverantwortliche Motivation voraus.

7.3 Unterschied zwischen Motivation und Manipulation

Der ehemalige US-Präsident Dwight D. Eisenhower soll einmal gesagt haben: „Motivation ist die Fähigkeit, einen Menschen dazu zu bringen, das zu tun, was man will und wie man es will, weil er es selbst will.“ Das ist natürlich keine Motivation, sondern schlecht kaschierte Manipulation. Dieser Humbug steht sogar heute noch in Führungshandbüchern, wenn es ums Motivieren geht.

Motivation ist etwas ganz anderes. Sie kommt von innen heraus, ist der freie Antrieb, etwas zu tun, und setzt den inneren Generator in Bewegung. Motivation ist Selbststeuerung und führt zu Ladeströmen. Die gesamte individuelle Energie wird auf ein zu erreichendes Ziel gerichtet.

Manipulation liegt dann vor, wenn man eine Sache in freier Entscheidung nicht, oder nicht so getan hätte. Sie ist eine Beeinflussung zum Vorteil eines anderen, ohne daß einem selbst die Art und Weise dieses Einflusses bewußt oder durchschaubar wird. Manipulation ist Fremdsteuerung und führt zu Entladeströmen.

Extrinsische und intrinsische Motivation

Nach Frederik Herzberg unterscheiden wir extrinsische und intrinsische Motivationsfaktoren, die das Arbeitsverhalten beeinflussen.

Motivationsfaktoren	
Hygiene-Faktoren „extrinsisch“	**Motivatoren** „intrinsisch“
Status Führungskraft Kollegen Gehalt Sicherheit Mitarbeiter Betriebsklima Arbeitsbedingungen	Die Arbeit selbst Leistung Verantwortung Anerkennung Erfolg Fortschritt Wachstum

Typische Äußerungen bei rein extrinsischer Motivation ist auf die Frage „Wie geht's?“ die Antwort: „Es geht schon“, „Es taugt schon“.
Typische Äußerung bei intrinsischer Motivation: „Ich arbeite an einer großen Aufgabe und kann meine Ideen und Vorstellungen einbringen.“

Sie kennen vielleicht auch die Geschichte mit dem Steinbruch:

Drei Männer arbeiten in einem Steinbruch und klopfen Steine. Auf die Frage des Chefs „Was macht Ihr da?“ antwortete der erste „Ich klopfe Steine“, der zweite „Ich verdiene mir mit dieser Arbeit meinen Lebensunterhalt“, der dritte „Ich helfe mit, einen Dom zu bauen“. Nur der dritte war intrinsisch motiviert.

Möglichkeiten der Motivation

Ein Motiv ist etwas, das den Organismus veranlaßt, sich so zu verhalten, daß seine Bedürfnisse befriedigt werden. Dieses Verhalten soll zu einem Ziel, der Bedürfnisbefriedigung, führen.
Druckmittel und materielle Anreize wirken nur kurzfristig und sind instabil.

Beispiele dafür sind:

- „Wenn Du nicht, dann ...“,
- Androhung von Sanktionen (Gehaltseinbußen, Karrierestop, Abmahnungen u.ä.),
- Angst erzeugen,
- finanzielle Anreize,
- Statussymbole,
- Incentives (Belohnungen für besondere Leistungen, z.B. Abenteuerreisen),
- Wettbewerbe,
- „Hitlisten“,
- Dienstauto.

Echte Motivation wirkt durch Einsicht und soziale Formen. Sie kostet nichts, ist dauerhaft wirksam und stabil. Die Leitlinie sollte dabei sein: Die sozialen Ziele des/der anderen erreichbar zu machen, ihnen das Gefühl zu vermitteln dazuzugehören, wertvoll und wichtig zu sein.

Im einzelnen geschieht dies durch:

- Gespräche,
- Anerkennung,
- jemanden ernst nehmen,
- Gleichwertigkeit / Partnerschaft,
- gemeinsame Zielvereinbarung,
- Einbinden in den Entscheidungsprozeß,

- Übertragen von Eigenverantwortung,
- Ermutigung,
- Abbau von Ängsten,
- Übertragung von Herausforderungen,
- Fehler zulassen,
- Vermeidung von Entwertungen,
- Interesse und Vertrauen.

Merken wir uns dabei, daß kein Mensch einen anderen mit Tricks, besonderen Methoden oder „Zaubermitteln" motivieren kann. Wir können nur Bedingungen schaffen, damit sich beim anderen, nach Herzberg, ein innerer Generator in Bewegung setzt.

Dieser wird nur dann in Bewegung gesetzt, wenn Bedingungen geschaffen werden, bei denen die jeweilige Arbeit Spaß macht. Eine sehr wichtige Bedingung ist die persönliche Wertschätzung, die wir anderen entgegenbringen; ob wir z.B. unterscheiden können zwischen der Person als einmaligem Individuum und ihrer Rolle bei der Arbeit. Diese Wertschätzung zeigt sich daran, wie wir mit anderen umgehen. Können wir z.B. Gespräche ohne Vorwürfe und Schuldzuweisungen führen? Dabei ist nicht nur wichtig, wie wir das Gesagte meinen, sondern auch, wie es beim anderen ankommt. Niemand hat das Recht, einen anderen in der Selbstachtung herunterzusetzen. Es kommt dabei nicht darauf an, was wir von ihm denken, sondern darauf, was er von sich denkt.

Als weitere Bedingung gehört dazu das Vertrauen in die Fähigkeiten des anderen, die natürlich unterschiedlich ausgeprägt sind. Schwächere darf man nicht überfordern und auch schon kleine Fortschritte sollten lobend herausgestellt werden. Bei Stärkeren kann man den Verantwortungsbereich und die Selbständigkeit erweitern. Aber auch hier aufpassen: Nicht zuviel auf einmal verlangen und erwarten! Wichtig ist bei allem: Nicht nur das Was und Wie einer Aufgabe erklären, sondern auch den Sinn, also das Warum. Das „Wir-Gefühl" sollte dabei nicht vergessen werden. Wer andere motivieren will, muß etwas wissen über die menschlichen Bedürfnisse. Ein anschauliches Modell dafür ist die Maslow'sche Bedürfnispyramide *(s. Abb. 14)*.

7.4 Die Bedürfnispyramide

Jeder Mensch hat Bedürfnisse, die von dem amerikanischen Motivationspsychologen Abraham Maslow in fünf Stufen eingeteilt und in Form einer Pyramide dargestellt werden *(Abb. 14)*. Heute kommt als sechste Stufe noch das Bedürfnis nach Transzendenz bzw. Sinngebung hinzu. Darunter versteht man den Einsatz für „höherwertige“ Ziele wie z.B. den Einsatz für eine gesunde Umwelt, soziales Engagement oder im caritativen Bereich.

Abb. 14 Bedürfnispyramide nach Maslow

Die ersten beiden Stufen brauchen wir zum *physischen* Überleben, die Stufen drei und vier zum *psychischen* Überleben. Die fünfte und sechste Stufe brauchen wir zur Selbstverwirklichung. Dabei ist zu beachten, daß sich jedes Bedürfnis auch wandelt. Motivation ist daher nicht statisch, sondern ein dynamischer Prozeß. Was ist unter den einzelnen Bedürfnisstufen alles zu verstehen?

Zu den **körperlichen, physiologischen bzw. biologischen** Bedürfnissen zählen Hunger, Durst, frische Luft und ausreichender Schlaf. Darüber hinaus brauchen wir bei unseren klimatischen Bedingungen ein „Dach über dem Kopf“. Jogging drückt z.B. das körperliche Bedürfnis nach Bewegung aus.

Zu den **Sicherheitsbedürfnissen** zählen beispielsweise: Naturkatastrophen nicht hoffnungslos ausgesetzt zu sein; von Vorgesetzten fair und gerecht behandelt zu werden; in Frieden zu leben, vor Kriminalität geschützt zu sein. Heute besonders wichtig ist die Sicherheit des Arbeitsplatzes und eine gute Altersversorgung.

Zu den **Bedürfnissen nach Kontakt,** also dem Bedürfnis nach Bindung und zwischenmenschlichen Beziehungen, zählt der Wunsch, Bekannte und Freunde zu haben. Der derzeit starke Andrang zu Gruppenveranstaltungen aller Art signalisiert ebenfalls das Bedürfnis nach Kontakt. Auch ein gutes Betriebsklima trägt zur Befriedigung dieses Bedürfnisses bei. Soziale Isolation hat dagegen häufig psychosomatische Auswirkungen: Mitarbeiter reagieren gereizt, ihnen läuft „die Galle über".

Pädagogisch bzw. psychologisch betrachtet sind **Anerkennung und Wertschätzung** das wichtigste: Geltenlassen, Lob, Ermutigen und Fördern richten mehr aus als Kritik und Tadel. Jeder Mensch hat von seiner Kindheit an ein großes Bedürnis nach Zuwendung, Aufmerksamkeit, Komplimenten und „Streicheleinheiten", eben nach Anerkennung. Er braucht Erfolgserlebnisse. Gute Leistungen werden aber nur dann als Erfolg erlebt, wenn sie anerkannt werden. Also ist die Einstellung, „Wenn ich nichts sage, bin ich zufrieden", total falsch. Motivierend auf den anderen wirkt ein einfaches „Gut gemacht!"
Das Bedürfnis nach Bestätigung wird auf zwei Arten befriedigt: Man kann sich selbst bestätigen oder durch andere bestätigt werden. Dies ist eng miteinander gekoppelt. Wenn Sie ein Projekt erfolgreich abgeschlossen haben, freuen Sie sich, wenn das Gefühl, eine gute Leistung erbracht zu haben, durch die anerkennende Bemerkung Ihres Chefs oder Ihrer Kollegen: „Das ist ja hervorragend gelaufen" noch zusätzlich verstärkt wird.

Die Bedürfnisse nach **Selbsterfüllung und Transzendenz** haben zum Ziel, „daß man wird, wozu man sich berufen fühlt", innere Reife erlangt, sich im Beruf und in der Freizeit selbst entfaltet und das eigene Potential ausschöpft. Eine Untersuchung des Infas-Instituts zur Qualität des Arbeitslebens hat ergeben, daß die Angehörigen freier, selbständiger Berufe außerhalb der Landwirtschaft mit ihren Arbeitsinhalten zufriedener sind als Angestellte und Beamte. Warum sind freie Bauern mit ihrer Tätigkeit so unzufrieden? Man kann nur den Schluß ziehen, daß berufliche Freiräume nur dann zufrieden machen, wenn die wirtschaftliche Basis als Fundament stimmt. Die Bedürfnispyramide darf keine Tannenbaumspitze mit einem dünnen Stamm werden!

7.5 Motivationsprobleme

Nicht erfüllte Bedürfnisse führen zu Frust: Nach dem Motto „Wer war schuld?“ wird nach Sündenböcken gesucht. Liegt ein solches Motivationsproblem vor, müssen die Beteiligten sich über folgende Fragen Gedanken machen:

- Ist ihm/ihr das Problem bewußt? Weiß er/sie, was von ihm/ihr erwartet wird?
- Ist er/sie emotional betroffen? Berührt ihn/sie das Thema?
- Kann er/sie sich mit der Aufgabe identifizieren? Ist er/sie überzeugt davon?
- Hat er/sie keine Kapazität, um sich zu engagieren? Braucht er/sie Unterstützung?
- Hat er/sie Angst? Woher rührt die Angst? Gibt es Widerstände (z.B. bei Neuerungen)? Was können Sie dagegen tun?

Widerstände gegen Neuerungen

80 bis 85 % der Menschen sind Beharrungstypen. Sie wollen Aufgaben, die Bekanntes, Gewohntes beinhalten. Nur der Rest sind sog. Entfaltungstypen, die Aufgaben fordern, die Risiken, aber auch Chancen beinhalten. Man muß also bei den meisten Menschen mit Widerständen rechnen, wenn es um Neuerungen geht.

Verhalten bei Einführung von Neuerungen

Entfaltungstypen	Vermeidungstypen
• haben hohe Leistungsmotivation • sie wollen Aufgaben, die – Initiative und Kreativität erfordern, – schwierig sind, – Risiko und Chancen bergen, – Neuigkeitsgehalt haben.	• haben geringe Leistungsmotivation • sie wollen Aufgaben, die – sich routinemäßig abwickeln lassen, – wenig Schwierigkeiten erwarten lassen, – kein Risiko bergen, – vertraute Tätigkeiten beinhalten.
Mischtypen	

Wie kann man bei der Einführung von Neuerungen Einfluß nehmen?

1. Dem Mitarbeiter das geben, was zu ihm „paßt“. Evtl. Tätigkeiten anreichern.
2. Erklären, erläutern; der Mitarbeiter soll Sachverhalte und Zusammenhänge ver-

stehen. Befürchtungen ernst nehmen und eventuell entkräften, dabei aber glaubwürdig bleiben.
3. Offen für den Dialog bleiben: Die Sache ist noch nicht endgültig, es sind weiterhin Änderungen möglich.

Angst, Fehler zu machen

Die bisher gültige Einstellung, daß man Fehler vermeiden kann und muß, ist zu revidieren: Sie ist falsch, denn sie hat dazu geführt, daß Fehler nicht zugegeben, sondern vertuscht werden und nach Rechtfertigungen, Schuldzuweisungen und Sündenböcken gesucht wird. Kein Mensch, und sei er noch so klug und erfahren, ist frei von Irrtümern, von falschen Annahmen und Vorstellungen. Natürlich ist es unsere Aufgabe, Fehler zu vermeiden. Aber gerade um sie zu verhindern, müssen wir uns vor allem klar darüber sein, daß dies niemandem völlig gelingt.
Wir suchen immer noch vorwiegend nach Fehlern, anstatt nach Lösungen!
Die „neue" Einstellung muß sein, daß wir konstruktiv aus und von unseren Fehlern lernen, um sie nicht zu wiederholen. Zur Entdeckung und Korrektur von Fehlern brauchen wir andere (und sie uns). „Deine Kritiker sagen dir die Wahrheit, nicht die Schmeichler", sagt ein türkisches Sprichwort. Wir müssen daher akzeptieren, wenn andere uns auf unsere Fehler aufmerksam machen und wir sie auf ihre. Dabei müssen wir immer beachten, daß wir niemals die Person, sondern nur die Sache kritisieren!

Leider sind wir alle in dieser Hinsicht falsch erzogen worden: Wir gehen immer sofort auf das weiße Männchen *(s. Abb. 15)* los, mit Formulierungen wie „Du hast Schuld, daß …", „Sie haben das soundso falsch gemacht …"
Besser wäre es, das graue Schutzschild zu beachten. Das könnte dann so aussehen: „Wir haben da ein Problem, wie können wir es lösen?" „Was sind denn dafür die Ursachen? An was liegt es denn?" „Was können wir tun, um diese Fehler … zu beheben?"

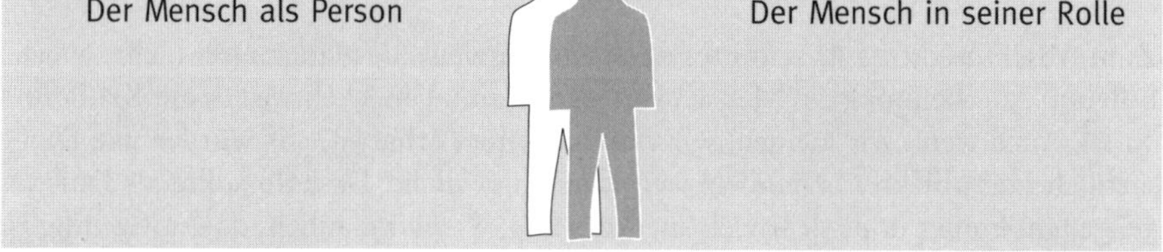

Abb. 15 Kritik an der Sache

Kritik wirkt demoralisierend

Kritik, auch wenn sie noch so sachlich, konstruktiv, offen und „soft“ vorgebracht wird, rührt immer am Selbstwertgefühl des Kritisierten. Deshalb muß man beim Kritisieren einige Punkte besonders beachten, wenn es sich nicht negativ und demotivierend auswirken soll. Auf den folgenden grundsätzlichen Überlegungen sollte jedes Kritikgespräch aufgebaut sein:

- Vorher überlegen, ob Kritik notwendig ist.
  Muß ich überhaupt noch in den offenen Wunden herumrühren? 70 bis 80 % aller Kritik ist überflüssig; sie hebt nur das Überlegenheitsgefühl des Kritisierenden.
- Kritik sollte nur unter vier Augen erfolgen.
- Dem Kritisierten helfen, ihn nicht abwerten. „Was kränkt, macht krank“. Kritik nicht mit Spott verwechseln.
- Kritik unmittelbar üben, aber nicht im Affekt. Der zeitliche Bezug muß noch gegeben sein.
- Die Sache, nie die Person kritisieren. Keine Vorwürfe und Schuldzuweisungen.
- Angemessene Kritik üben. Nicht mit Kanonen auf Spatzen schießen. Aus Mücken keine Elefanten machen.

Im Grunde sind es immer dieselben Muster, die bei anderen zu Frust führen:

- Der Chef kann und weiß immer alles (besser).
- Fehler werden nicht zugegeben. Die Schuld wird immer bei anderen gesucht.
- Es werden einsame Entscheidungen gefällt.
- Der Chef spricht über einzelne, nicht mit ihnen.
- Die Kritik ist überzogen, unsachlich, lautstark, persönlich; oft auch vor anderen.
- Dominanzverhalten: Man fährt dem Gesprächspartner ständig in die Parade.
- Der andere wird übersehen und wie Luft behandelt.
- Man gibt bewußt oder unbewußt unzureichende Informationen.
- Die eigene überzogene Ordnungsliebe, Prinzipientreue und Pedanterie werden als für alle verbindlich erklärt.

Zum Abschluß dieses Abschnittes noch ein Hinweis: Sie glauben gar nicht, wieviel Lob und Anerkennung ein Mensch vertragen kann. Umgekehrt ist es mit Kritik und Tadel. Auch wenn wir meinen, wir wären darüber erhaben, wir würden alle Dinge sachlich und objektiv behandeln, wir können es nicht! Deshalb sollte als Faustregel gelten: Immer doppelt soviel Anerkennung, wie wir glauben, daß notwendig ist und nur halb soviel Kritik wie wir glauben, daß unvermeidbar ist.

7.6 Wie Sie sich selbst motivieren

Anerkennung und Achtung erwarten wir normalerweise von anderen. Und was ist, wenn sie ausbleiben? Wir müssen wieder lernen, sie uns selbst zu geben. Dabei hängt Anerkennung sehr stark mit Erwartungen zusammen; es ist notwendig, diese Erwartungen zu überprüfen: Sind sie angemessen und realistisch oder überfordere ich mich selbst? Finde ich womöglich zu wenig Grund zur Anerkennung, weil ich zuviel von mir erwarte?
Anerkennung, besonders uns selbst gegenüber, scheint nicht selbstverständlich zu sein. Bin ich vielleicht ein Mensch, der Anerkennung zu wenig gewohnt ist? Gebe ich sie wenig, weil ich selber wenig davon bekomme oder bekam? Lebe ich vielleicht nach diesem Muster weiter, ohne es zu wissen oder zu wollen? Wie kann ich mich selbst belohnen? Hier einige konkrete Hilfen (nach H. G. Behringer):

- Mich wirklich freuen am Geschafften, das gute Gefühl genießen.
- Pausen, Aufatmen und Entspannung einplanen und durchführen.
- Den sozialen Faktor bedenken: Wen kann ich an meinem Erfolg und meiner Freude teilhaben lassen? Wem mich mitteilen?
- Mich im Spiegel anschauen, mir in die Augen schauen und zustimmend, wohlwollend nicken und lächeln. (Eine anscheinend leichte, läppische Übung, jedoch sehr wirksam!)
- Welchen langgehegten Wunsch könnte ich mir als Belohnung erfüllen? (Kinobesuch, CD, Blumenstrauß, Krawatte, Restaurant u.a.)
- Sie sollten eine Vereinbarung mit sich treffen und sie auch einhalten.

Freudenliste
Ziehen Sie einmal Bilanz für die vergangene Woche. Sie hatte 168 Stunden. Wie haben Sie sie verbracht? Die meiste Zeit haben Sie wahrscheinlich mit Schlafen, Arbeiten und Fahrten zur Arbeitsstelle verbraucht. Was haben Sie sonst noch alles gemacht? Waren Ihre Spaß- und Freudenmacher ausreichend dabei? Waren Sie z.B im Theater oder Konzert? Waren Sie einmal mit Freunden oder Ihrer Familie beim Essen? Hatten Sie Zeit für Ihr Hobby? Waren Sie bei einer Sportveranstaltung, im Biergarten oder beim Kegeln?
Wenn Ihre Spaßmacher sehr stark zu kurz gekommen sind, ist Ihre persönliche Bilanz nicht ausgeglichen. Dies führt zu Unzufriedenheit und Unausgeglichenheit und könnte der Anlaß für einen Zukunftsvertrag mit Ihnen selbst sein. „Pacta servanda sunt“ das wußten schon die alten Römer; Verträge (auch mit sich selbst) müssen eingehalten werden!

Vertrag mit mir selbst

1. Was will ich wirklich ändern?

2. Was will ich in Zukunft nicht mehr tun?

3. Woran werden die anderen meine Veränderung merken?

4. Welche Schwierigkeiten wird es geben? Wie löse ich sie?

5. Wann will ich das erste Mal kontrollieren, ob ich meine Ziele wirklich erreicht habe?

Datum Unterschrift

Zusammenfassung

Der Schlüssel zur sozialen Kompetenz ist das „Ich o.k.“. Erst, wenn Sie sich selbst so annehmen wie Sie sind (mit Ihren Licht- und Schattenseiten) und nicht so, wie Sie gern wären oder andere Sie gern hätten, wird sich das automatisch auch auf Ihre Umgebung auswirken. Sie werden dann auch die anderen so nehmen können, wie sie sind und nicht, wie sie, Ihrer Meinung nach, sein sollten. Außerdem brauchen Sie ein positives Menschenbild mit einer ethischen Orientierung. Wenn Sie das haben, werden Sie die Kommunikation mit Menschen suchen und mögen. Konrad Adenauer hat einmal gesagt: „Man muß die Menschen nehmen, wie sie sind – es gibt keine anderen!“ Aus dieser Einstellung heraus ergibt sich ganz zwangsläufig eine partnerschaftliche Zusammenarbeit. Der dritte Schritt ist, aus Fehlern zu lernen, zu reifen und zu wachsen. Legen Sie sich immer wieder Rechenschaft ab und achten Sie auf sachliche, konstruktive Kritik anderer: Welche Fehler haben Sie in Ihrem bisherigen Leben gemacht? Mit welchen Folgen? Wieso waren Sie dennoch immer wieder erfolgreich, vielleicht erst auf Umwegen? Und viertens sollten Sie permanent an Ihrer Dialogfähigkeit und sprachlichen Ausdruckskraft arbeiten. Was nützt Ihnen all Ihr Wissen und Können, wenn Sie es nicht „rüberbringen“? Wenn Ihr Gesprächspartner nicht spürt, daß Sie gereift und tolerant sind, daß Sie sich auch in andere Sichtweisen hineinversetzen können, wird er/sie kein Vertrauen zu Ihnen fassen können. Und ganz zum Schluß noch eine kleine Geschichte:

Die zwei umtriebigen Dorfburschen Karl und Luggi wollten endlich einmal das große, schlaue, allwissende Orakel, das in einem nebelverhangenen Bergmassiv wohnte, ausschmieren. Karl hatte dafür folgende Idee und meinte: „Wir gehen jetzt hinauf zum Orakel. Ich nehme einen kleinen Kanarienvogel in meine große Hand. Wenn wir beim Orakel sind fragen wir, ob der Vogel in meiner Hand tot ist oder lebt. Sagt das Orakel ‚Der Vogel lebt‘, drücke ich unmerklich meine Faust zu und werfe dann dem Orakel den toten Vogel vor die Füße. Sagt aber das Orakel ‚Der Vogel ist tot‘, öffne ich meine Hand und lasse den Vogel davonfliegen“. Luggi war ganz begeistert von dieser Idee und beide stapften los. Als sie in der Nähe des Orakels waren, riefen sie in den Nebel hinein: „Liebes Orakel, Du weißt doch immer alles. Sag uns doch, ob der Vogel in unserer Hand tot oder lebendig ist?“ Das Orakel überlegte kurz, antwortete dann mit einer tiefen Baßstimme: „Ob der Vogel tot oder lebendig ist, liegt ganz in Eurer Hand!“ und verschwand wieder im davonziehenden Nebel.

Genauso, liebe Leserin, lieber Leser, verhält es sich mit diesem Buch. Ob es toter Stoff bleibt, oder ob damit lebendig gearbeitet wird, liegt ganz in Ihrer Hand!

Literaturverzeichnis

Berne, Eric: Spiele der Erwachsenen, Reinbek 1970.

Bienert, Werner / Crisand, Ekkehard: Arbeitshefte zur Führungspsychologie.
Band 1: Ekkehard Crisand: Psychologie der Persönlichkeit, Heidelberg 1996.
Band 4: Rainer W. Stroebe: Motivation, Heidelberg 1997.
Band 15: Karl Berkel: Konflikttraining, Heidelberg 1997.
Band 16: Horst J. Rahn: Führung von Gruppen, Heidelberg 1995.

Brocher, Tobias: Gruppendynamik und Erwachsenenbildung, Braunschweig 1981.

Donnert, Rudolf: Coaching, Würzburg 1998.

Donnert, Rudolf: Präsentieren – gewußt wie, Würzburg 1999.

Frankl, Victor E.: Psychotherapie – Rundfunkvorträge über Seelenkunde, Freiburg 1986.

Mc. Gregor, Douglas: Der Mensch im Unternehmen, Düsseldorf 1972.

Harris, Thomas O.: Ich bin o.k. – Du bist o.k., Reinbek 1978.

Herzberg, Frederik: One more time: How do you motivate employees, Harvard 1968.

Kutschki, Norbert (Hrsg.): Kardinaltugenden, Würzburg 1993.

Lenz, Gerhard (Hrsg.): Die Seele im Unternehmen, Heidelberg 1991.

Lievegoed, Bernardus: Lebenskrisen – Lebenschancen, München 1997.

Luhmann, Niklas: Soziale Systeme, Frankfurt am Main 1987.

Molzberger, Peter: Synergetische Zusammenarbeit, Riemerling 1996.

Neuberger, Oswald: Miteinander arbeiten – miteinander reden. Hrsg. Bayer. Arbeits- und Sozialministerium, München 1982.

Rogoll, Rüdiger: Nimm dich, wie du bist, Freiburg 1981.

Rotenhan, Eleonore von / Sahm, August: Mitmenschlichkeit im Betrieb, Landsberg 1986.

Rosenstiel, Lutz von: Betriebsklima geht jeden an, Hrsg. Bayer. Arbeits- und Sozialministerium, München 1983.

Ruddies, Günther H.: Verhaltenstraining im Beruf, Würzburg 1989.

Schwarzer, Eberhard: Menschenführung für Manager. München 1979.

Sprenger, Reinhard K.: Mythos Motivation. Frankfurt am Main 1998.

Watzlawick, Paul: Wie wirklich ist die Wirklichkeit? München 1995.

Außerdem wurden Erkenntnisse aus Seminaren von G. H. Stroebe und G. H. Behringer eingearbeitet.

Stichwortverzeichnis

L

M

N

O

P

R

S

T

U, V, W

X, Y, Z